ALFRED SCHNEIDER

Rechnen mit Lust 4.

Spiele und Übungen als Kopiervorlagen

ISBN 3-89291-181-9

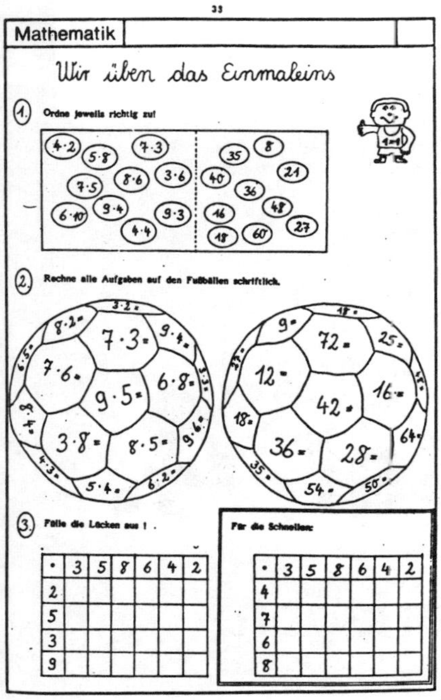

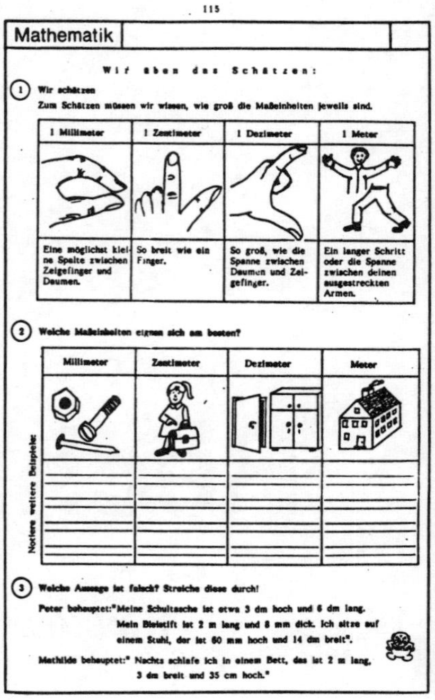

Inhaltsverzeichnis

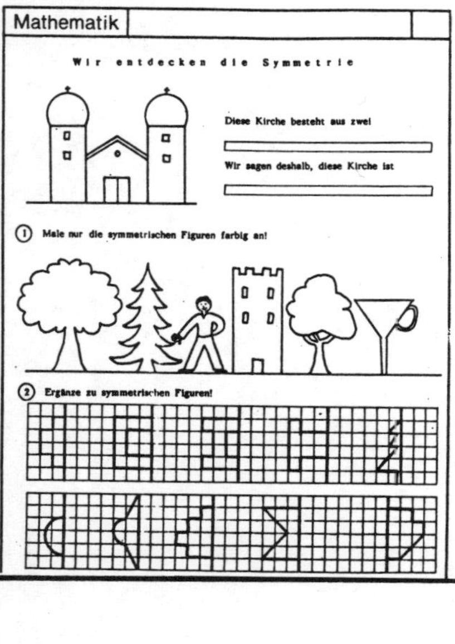

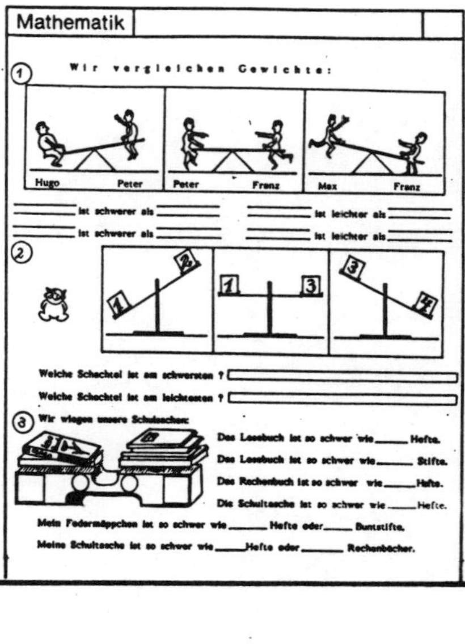

VORWORT

Die bewährten Reihen Stundenbilder
und Unterrichtspraxis
aus dem pb-Verlag unterstützen Sie bei der täglichen Unterrichtsvorbereitung.

Dieses Skript bietet Ihnen eine Vielzahl von Anregungen, die Ihnen helfen, den oft trockenen Unterrichtsstoff zu beleben.

- Viele Blätter können als Folienvorlagen verwendet werden. Die große Schrift erleichtert die Lesbarkeit.
- Die Blätter können unabhängig von eingeführten Schulbüchern verwendet werden.
- Das Material bietet gute Hilfen bei Vertretungsstunden, auch in anderen Jahrgangsstufen.
- Viele Folienvorlagen dienen dem täglichen "5-Minuten-Kopfrechnen". Am Ende des Skripts sind die wichtigsten Blätter leer abgedruckt, so können sie individuell gestaltet werden.
- Die meisten Arbeitsblätter ermöglichen dem Schüler eine sofortige Selbstkontrolle.

Ich wünsche Ihnen bei der Arbeit mit diesem Skriptum viel unterrichtlichen Erfolg und frohes Schaffen.

A. Schneider

Unterrichtspraxis

Alfred Schneider

Rechnen mit Lust 3.

Spiele und Übungen als **Kopiervorlagen**

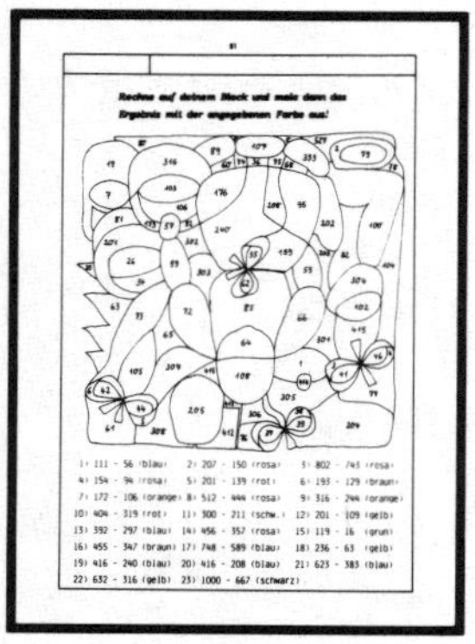

● **ARBEITSBLÄTTER mit Lösungen** ● **FOLIENVORLAGEN**

Inhaltsverzeichnis

Lösung

Verbinde die Punkte!

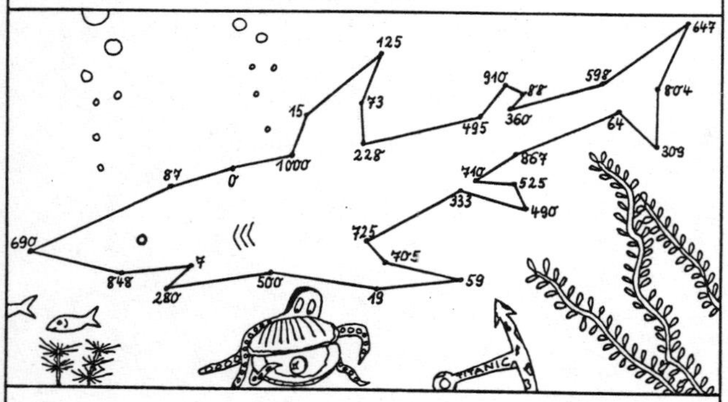

Ergänze auf 1 km!

1km = 1000m

1) 985m + 15 m = 1km	16) 475m + 525 m = 1km
2) 875m + 125 m = 1km	17) 510m + 490 m = 1km
3) 927m + 73 m = 1km	18) 667m + 333 m = 1km
4) 772m + 228 m = 1km	19) 275m + 725 m = 1km
5) 505m + 495 m = 1km	20) 295m + 705 m = 1km
6) 90m + 910 m = 1km	21) 941m + 59 m = 1km
7) 912m + 88 m = 1km	22) 981m + 19 m = 1km
8) 640m + 360 m = 1km	23) 500m + 500 m = 1km
9) 402m + 598 m = 1km	24) 720m + 280 m = 1km
10) 353m + 647 m = 1km	25) 993m + 7 m = 1km
11) 196m + 804 m = 1km	26) 152m + 848 m = 1km
12) 691m + 309 m = 1km	27) 310m + 690 m = 1km
13) 936m + 64 m = 1km	28) 913m + 87 m = 1km
14) 133m + 867 m = 1km	29) 1000m + 0 m = 1km
15) 290m + 710 m = 1km	30) 0m + 1000 m = 1km

Welche Fische gehören in welche Töpfe?

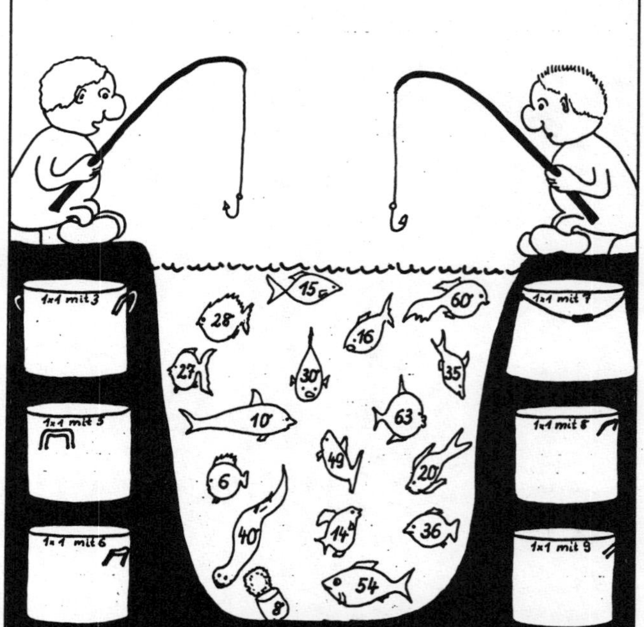

Lösungen:

mit 3: 6, 15, 27, 30, 36, 54, 60, 63
mit 5: 10, 15, 30, 35, 40, 60
mit 6: 6, 30, 36, 54, 60
mit 7: 14, 28, 35, 49, 63
mit 8: 8, 16, 40
mit 9: 27, 36, 54, 63

INHALTSVERZEICHNIS

STUNDENBILDER für die UNTERRICHTSPRAXIS

Deutsch

3. Jahrgangsstufe

STUNDENSKIZZEN

ARBEITSBLÄTTER

TAFELBILDER

FOLIENVORLAGEN

INHALTSVERZEICHNIS

STUNDENBILDER für die UNTERRICHTSPRAXIS

CLAUDIA HOEGL (Hrsg.)

Deutsch

4. Jahrgangsstufe

STUNDENSKIZZEN

ARBEITSBLÄTTER

TAFELBILDER

FOLIENVORLAGEN

INHALTSVERZEICHNIS

Luftballonschießen

Wenn ein Schütze 3 Luftballons trifft, welche Summen kann er haben? Es gibt 10 Möglichkeiten!

3 + 8 + 10 = 21

3 + 8 + 11 = 22

3 + 8 + 14 = 25

3 + 10 + 11 = 24

3 + 10 + 14 = 27

3 + 11 + 14 = 28

8 + 10 + 11 = 29

8 + 10 + 14 = 32

8 + 11 + 14 = 33

10 + 11 + 14 = 35

Mathematik

Speedy – Maus will zum Käse. Hilf !

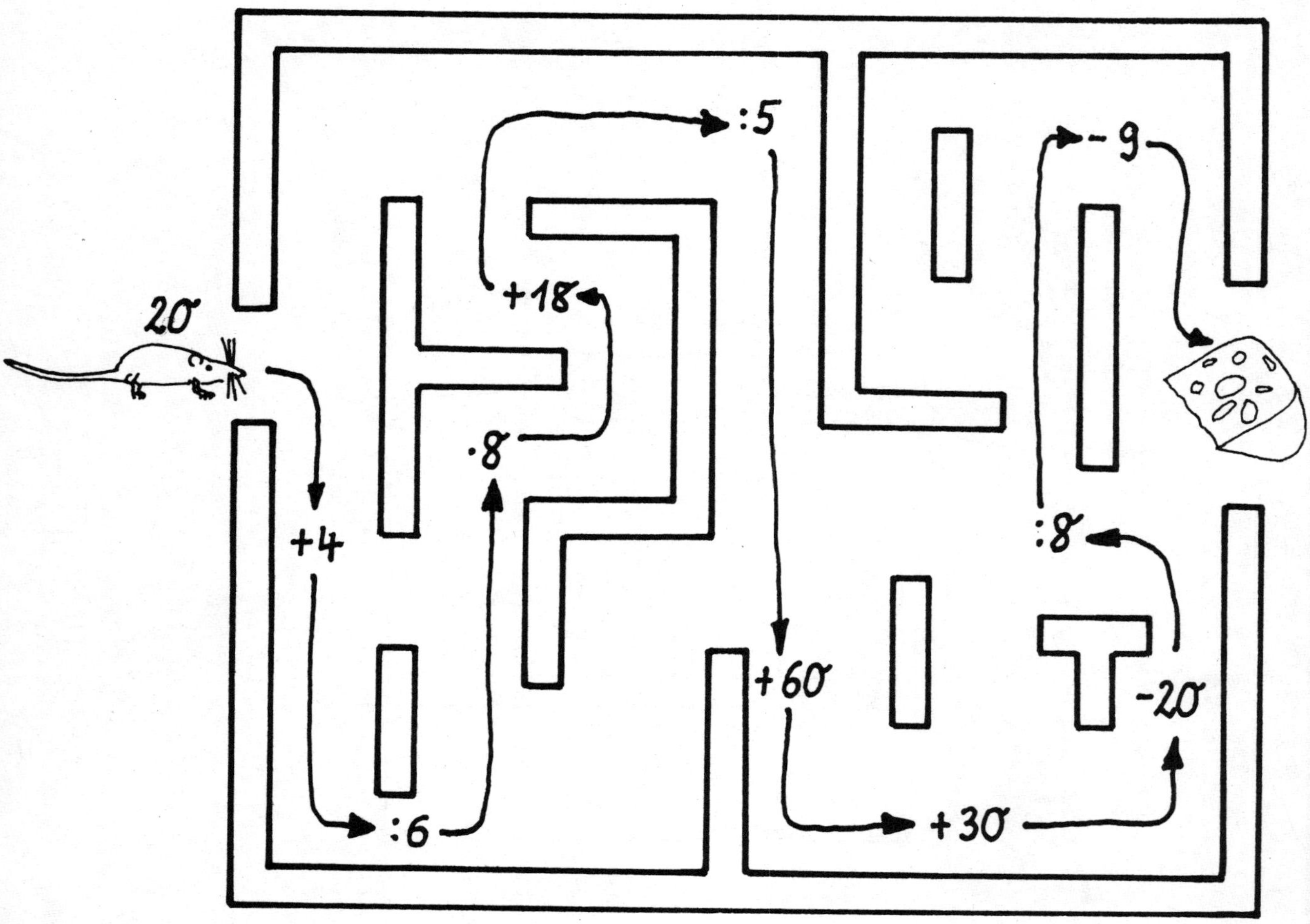

1) 20 + 4 = 24

2) 24 : 6 = 4

3) 4 · 8 = 32

4) 32 + 18 = 50

5) 50 : 5 = 10

6) 10 + 60 = 70

7) 70 + 30 = 100

8) 100 − 20 = 80

9) 80 : 8 = 10

10) 10 − 9 = 1

Mathematik

Fips hat mit Bananen geworfen!

Ergänze die Zahlen!

Lösung

Fips hat mit Bananen geworfen!

Ergänze die Zahlen!

33 + 15 = 48

73 − 9 = 64

83 − 24 = 59

100 − 12 = 88

33 + 59 = 92

13 + 14 + 15 = 42

62 + 17 = 83 − 4

100 − 20 − 8 = 72

100 − 22 = 50 + 28

11 + 12 + 13 + 15 = 51

9 + 11 = 70

13 + 8 = 21

27 + 28 + 45 = 100

85 − 77 = 8

16 + 7 = 83 − 60

93 − 93 = 0

3 · 4 + 45 = 57

105 − 27 = 69 + 9

19 + 17 = 36

85 − 12 = 68 + 5

200 − 12 = 188

300 + 40 = 400 − 60

6 · 6 + 6 · 6 = 72

6 · 8 − 9 = 39

350 − 70 = 280

24 : 6 + 18 = 22

49 : 7 = 6 + 1

100 − 28 = 9 · 8

400 : 80 = 5

Wie geht es weiter ?

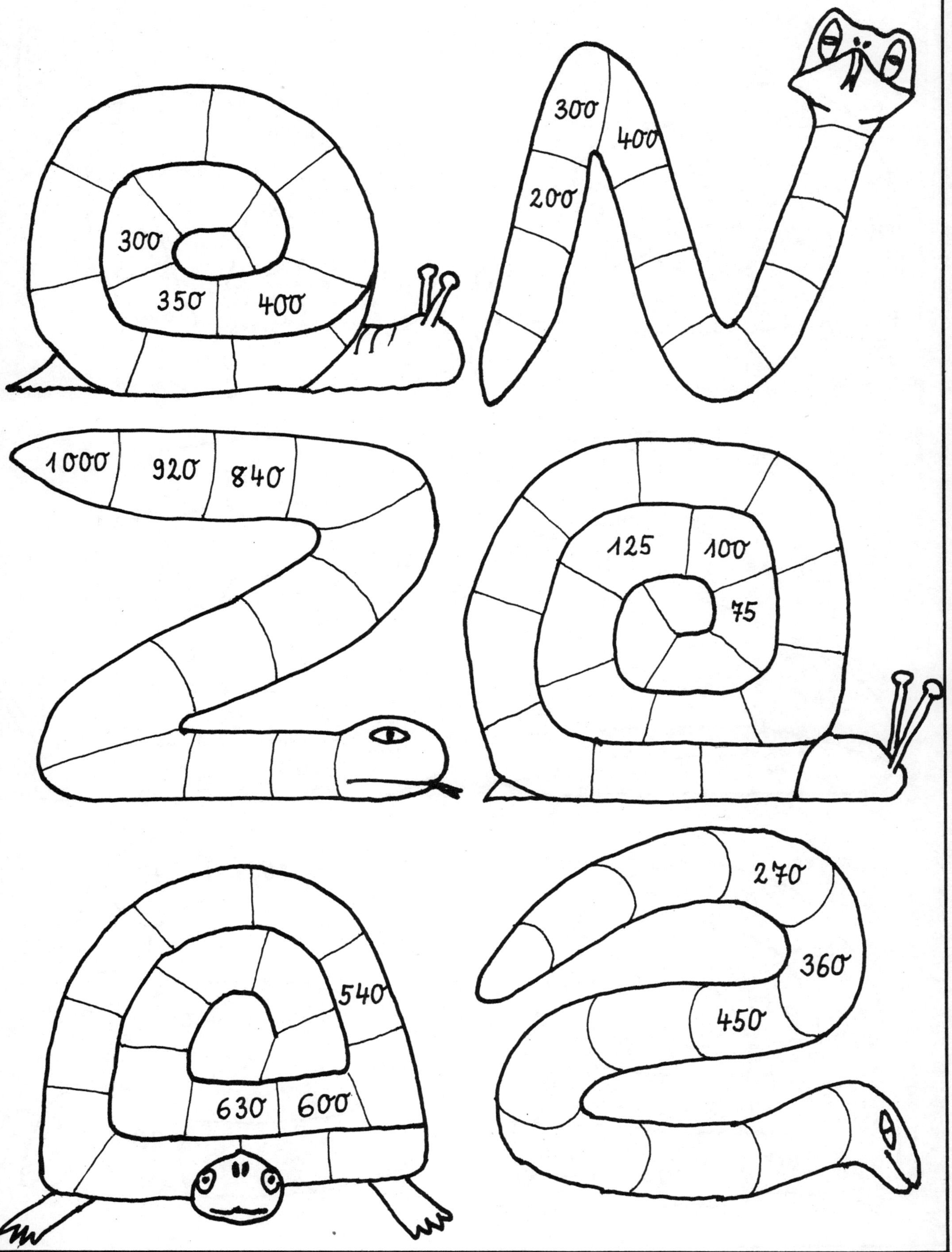

Lösung

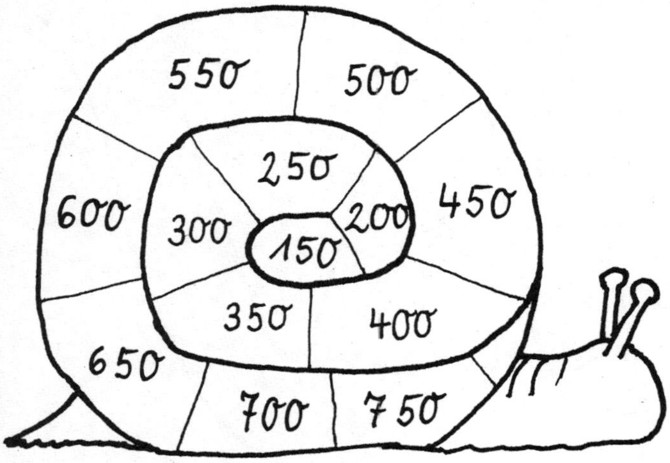
550
500
250
600
300
200
450
150
350
400
650
700
750

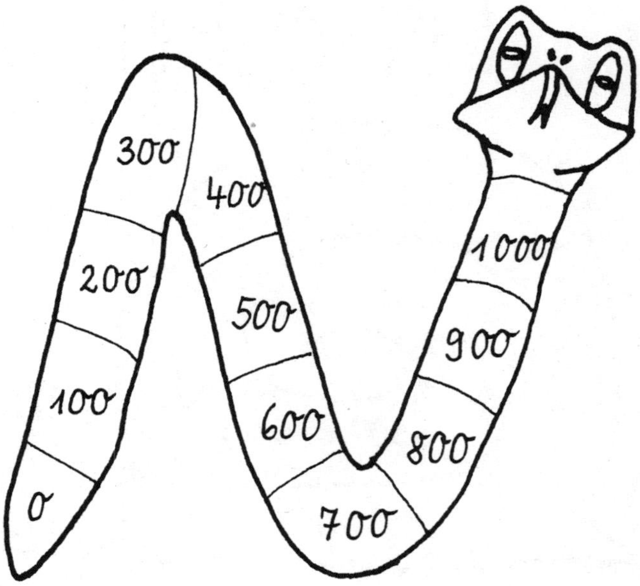
300
400
1000
200
500
900
100
600
800
0
700

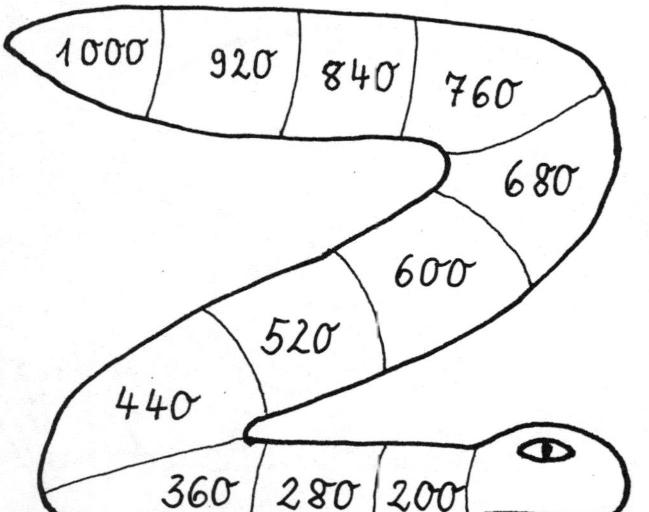
1000
920
840
760
680
600
520
440
360
280
200

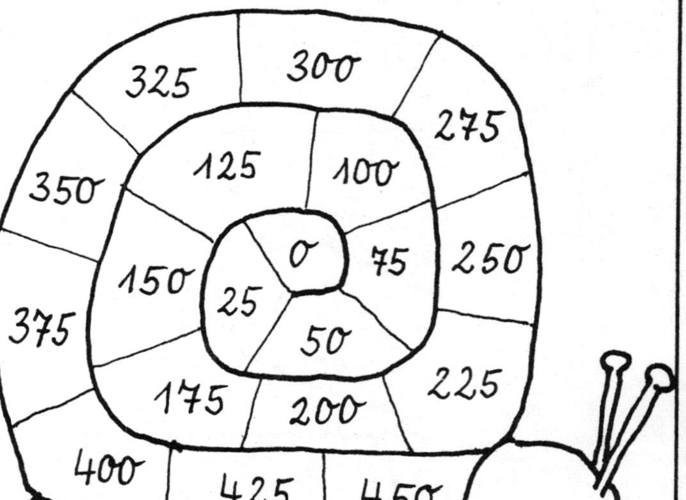
325
300
275
125
100
350
0
75
250
150
25
375
50
225
175
200
400
425
450

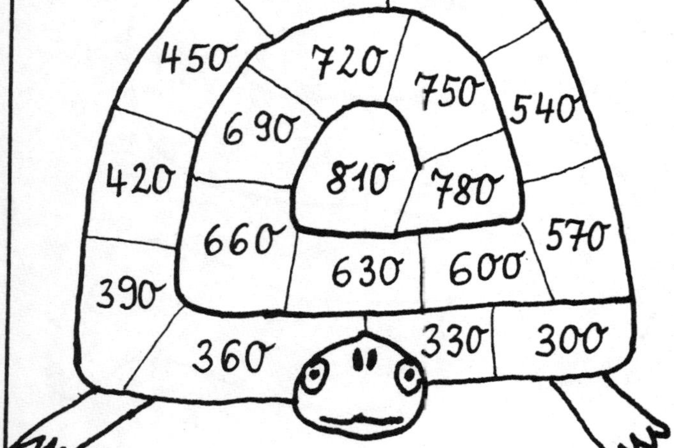
480
510
450
720
750
540
690
420
810
780
660
570
630
600
390
360
330
300

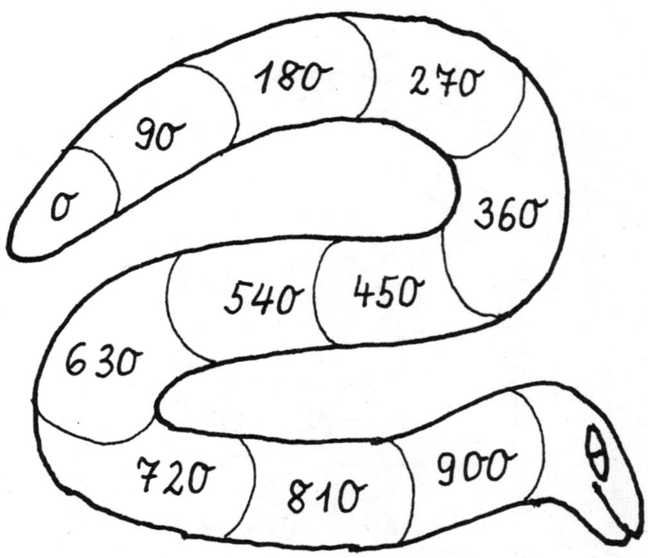
180
270
90
0
360
540
450
630
720
810
900

Große Zahlen

1. Trage die Zahlen in das Bündelhaus ein und schreibe als Zahl!

	T	H	Z	E	
achthundertdreiundsechzig					________
zweihundertdreiundneunz ig					________
eintausendundvier					________
fünfhundertsiebenundzwanzig					________
eintausendachthundertundzwei					________
neunhundertachtzig					________
eintausendzweihundertfünfzig					________
siebenhundertdreiundvierzig					________
neunhundertneunzehn					________
eintausendelf					________
eintausendeinhundertundzehn					________
sechshundertneunundsiebzig					________
dreihundertachtundvierzig					________
vierhundertsechzehn					________

2. Schreibe die Zahlen in Worten!

1 090 = ________________________________

678 = ________________________________

902 = ________________________________

769 = ________________________________

1 289 = ________________________________

521 = ________________________________

3. Schreibe möglichst viele verschiedene Zahlen mit den Ziffern 1 - 5 - 9 in die Knulpe!

Lösung

1. Trage die Zahlen in das Bündelhaus ein und schreibe als Zahl!

	T	H	Z	E	
achthundertdreiundsechzig		8	6	3	863
zweihundertdreiundneunzig		2	9	3	293
eintausendundvier	1	0	0	4	1004
fünfhundertsiebenundzwanzig		5	2	7	527
eintausendachthundertundzwei	1	8	0	2	1 802
neunhundertachtzig		9	8	0	980
eintausendzweihundertfünfzig	1	2	5	0	1 250
siebenhundertdreiundvierzig		7	4	3	743
neunhundertneunzehn		9	1	9	919
eintausendelf	1	0	1	1	1 011
eintausendeinhundertundzehn	1	1	1	0	1 110
sechshundertneunundsiebzig		6	7	9	679
dreihundertachtundvierzig		3	4	8	348
vierhundertsechzehn		4	1	6	416

2. Schreibe die Zahlen in Worten!

1 090 = eintausendneunzig

678 = sechshundertachtundsiebzig

902 = neunhundertundzwei

769 = siebenhundertneunundsechzig

1 289 = eintausendzweihundertneunundachtzig

521 = fünfhunderteinundzwanzig

3. Schreibe möglichst viele verschiedene Zahlen mit den Ziffern 1 - 5 - 9 in die Knulpe!

470 + 40	=		
590 + 90	=		
210 + 160	=		
1000 - 10	=		
440 + 560	=		
500 - 240	=		
1000 - 230	=		
190 + 250	=		
900 - 240	=		
380 + 210	=		
800 - 690	=		
240 - 150	=		
580 + 390	=		
1000 - 90	=		
90 + 390	=		
600 - 250	=		
1000 - 450	=		
260 + 540	=		
40 + 940	=		
1000 - 130	=		
980 - 390	=		
180 + 180	=		

Klebe die richtigen Ergebnisse zu den Rechnungen!

Wenn du alle Aufgaben richtig hast bekommst du

770	o
660	e
990	♡
90	R
360	n
510	d
110	♡
590	n
800	o
440	ß
590	e
870	d
370	n
910	c
980	r
550	n
680	e
1000	g
260	r
970	e
350	e
480	h

____

Lösung

470 + 40	=	510	D
590 + 90	=	680	e
210 + 160	=	370	n
1000 − 10	=	990	♡
440 + 560	=	1000	g
500 − 240	=	260	r
1000 − 230	=	770	o
190 + 250	=	440	ß
900 − 240	=	660	e
380 + 210	=	590	n
800 − 690	=	110	♡
240 − 150	=	90	R
580 + 390	=	970	e
1000 − 90	=	910	c
90 + 390	=	480	h
600 − 250	=	350	e
1000 − 450	=	550	n
260 + 540	=	800	o
40 + 940	=	980	r
1000 − 130	=	870	d
980 − 390	=	590	e
180 + 180	=	360	n

Klebe die richtigen Ergebnisse zu den Rechnungen!

Wenn du alle Aufgaben richtig hast bekommst du

770	o
660	e
990	♡
90	R
360	n
510	d
110	♡
590	n
800	o
440	ß
590	e
870	d
370	n
910	c
980	r
550	n
680	e
1000	g
260	r
970	e
350	e
480	h

den großen Rechenorden.

Wir runden

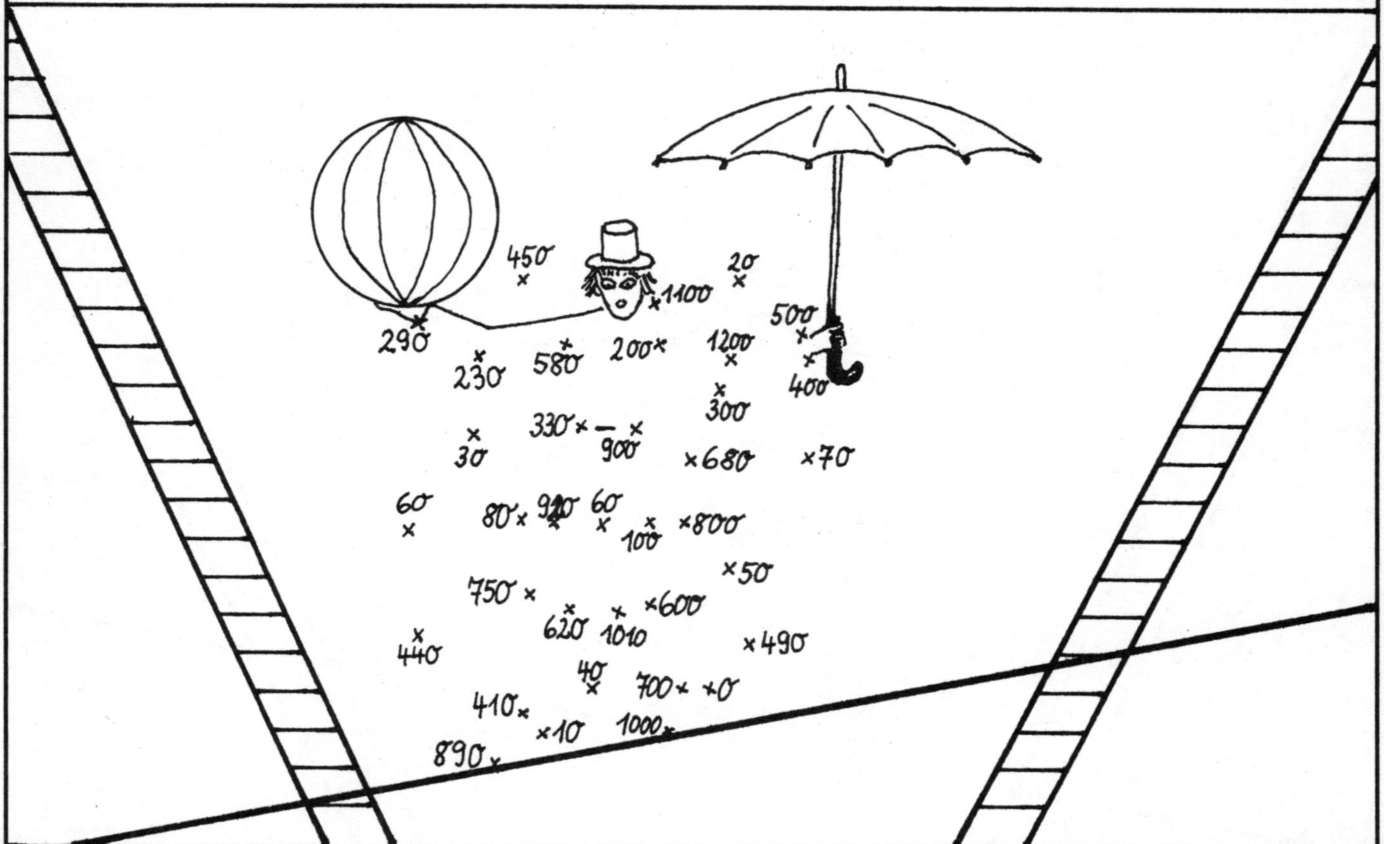

Runde und verbinde die Lösungen der Reihe nach!

Runde auf Zehner!		Runde auf Hunderter!	
1) 286	≈ ______	14) 672	≈ ______
2) 234	≈ ______	15) 951	≈ ______
3) 575	≈ ______	16) 43	≈ ______
4) 333	≈ ______	17) 637	≈ ______
5) 84	≈ ______	18) 51	≈ ______
6) 917	≈ ______	19) 785	≈ ______
7) 751	≈ ______	20) 909	≈ ______
8) 407	≈ ______	21) 212	≈ ______
9) 888	≈ ______	22) 271	≈ ______
10) 12	≈ ______	23) 395	≈ ______
11) 619	≈ ______	24) 549	≈ ______
12) 55	≈ ______	25) 1222	≈ ______
13) 1005	≈ ______	26) 1149	≈ ______

Lösung

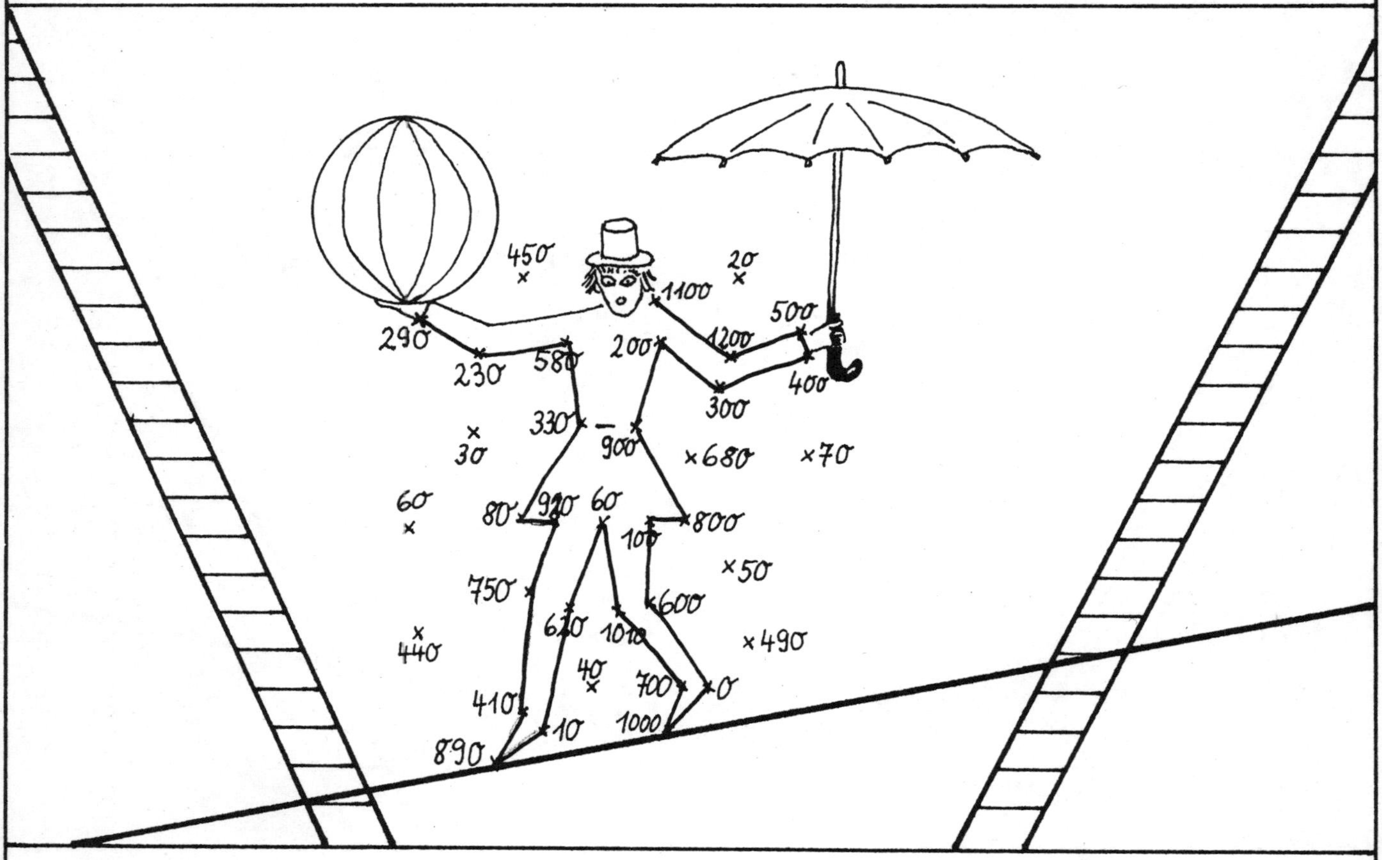

Runde und verbinde die Lösungen der Reihe nach!

Runde auf Zehner!			Runde auf Hunderter!		
1)	286 ≈	290	14)	672 ≈	700
2)	234 ≈	230	15)	951 ≈	1000
3)	575 ≈	580	16)	43 ≈	0
4)	333 ≈	330	17)	637 ≈	600
5)	84 ≈	80	18)	51 ≈	100
6)	917 ≈	920	19)	785 ≈	800
7)	751 ≈	750	20)	909 ≈	900
8)	407 ≈	410	21)	212 ≈	200
9)	888 ≈	890	22)	271 ≈	300
10)	12 ≈	10	23)	395 ≈	400
11)	619 ≈	620	24)	549 ≈	500
12)	55 ≈	60	25)	1222 ≈	1200
13)	1005 ≈	1010	26)	1149 ≈	1100

Wir wiederholen das Einmaleins

12															
11															
10															
9															
8															
7															
6															
5															
4															
3															
2															
1															
•	1	2	3	4	5	6	7	8	9	10	11	12	13	14	15

Lösung

12	12	24	36	48	60	72	84	96	108	120	132	144	156	168	180
11	11	22	33	44	55	66	77	88	99	110	121	132	143	154	165
10	10	20	30	40	50	60	70	80	90	100	110	120	130	140	150
9	9	18	27	36	45	54	63	72	81	90	99	108	117	126	135
8	8	16	24	32	40	48	56	64	72	80	88	96	104	112	120
7	7	14	21	28	35	42	49	56	63	70	77	84	91	98	105
6	6	12	18	24	30	36	42	48	54	60	66	72	78	84	90
5	5	10	15	20	25	30	35	40	45	50	55	60	65	70	75
4	4	8	12	16	20	24	28	32	36	40	44	48	52	56	60
3	3	6	9	12	15	18	21	24	27	30	33	36	39	42	45
2	2	4	6	8	10	12	14	16	18	20	22	24	26	28	30
1	1	2	3	4	5	6	7	8	9	10	11	12	13	14	15
•	1	2	3	4	5	6	7	8	9	10	11	12	13	14	15

Kick der Rechenhahn

Kick bewacht die Eier seiner Hennen. In den Eiern stehen die Lösungen. Male die Aufgaben und die Lösungen mit gleichen Farben an!

Schreibe die Ergebnisse auf deinen Block!

Mach die Mauer lebendig!

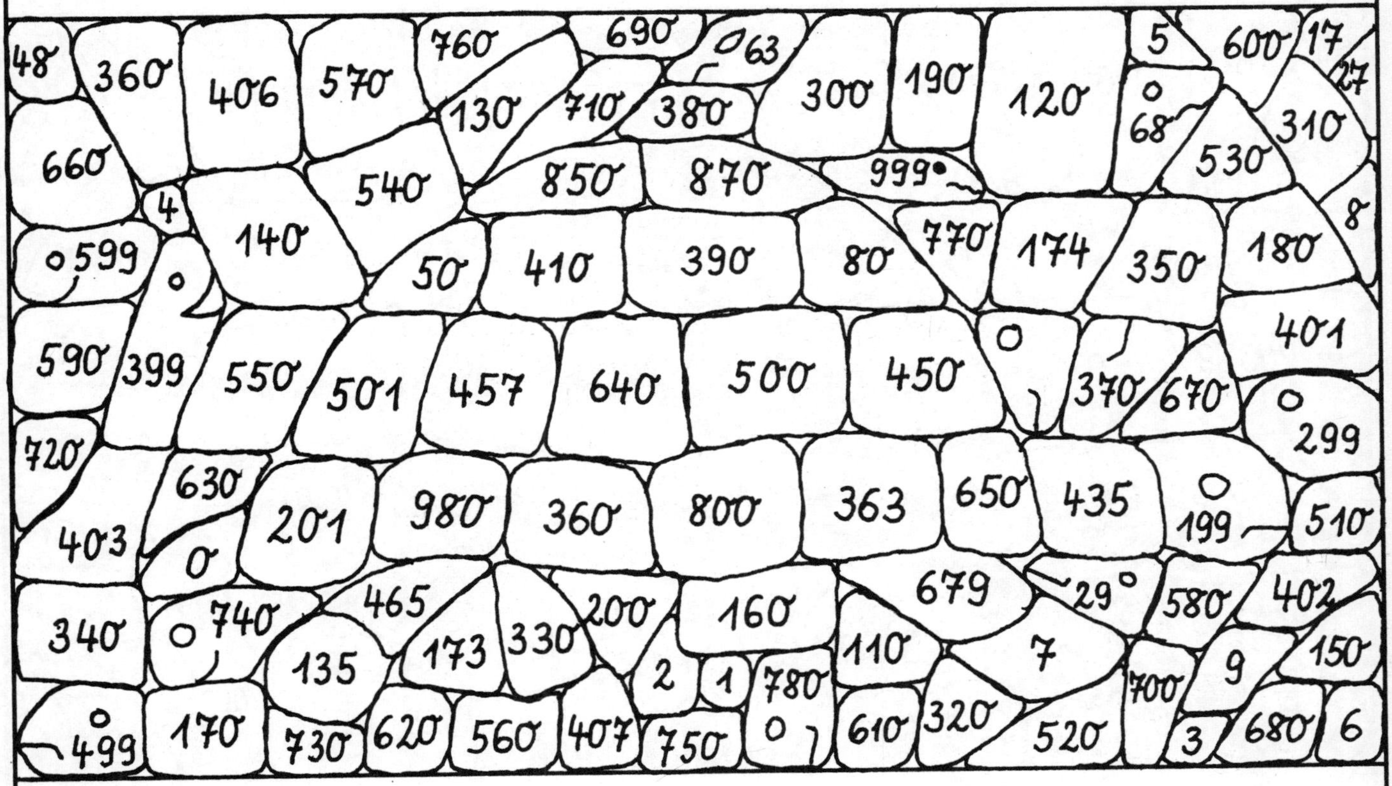

Male die Lösungsfelder moosgrün oder grün aus!

$6 \cdot 80 - 90 =$ ______
$5 \cdot 70 + 60 =$ ______
$9 \cdot 90 - 160 =$ ______
$4 \cdot 60 + 400 =$ ______
$5 \cdot 8 \cdot 9 =$ ______
$70 \cdot 7 - 25 =$ ______
$10 \cdot 90 - 450 =$ ______
$8 \cdot 30 + 260 =$ ______

$25 \cdot 4 + 700 =$ ______
$3 \cdot 90 - 135 =$ ______
$10 \cdot 10 + 263 =$ ______
$60 \cdot 9 - 105 =$ ______
$4 \cdot 70 + 590 =$ ______
$7 \cdot 70 + 7 \cdot 70 =$ ______
$1000 - 5 \cdot 30 =$ ______
$4 \cdot 20 - 2 \cdot 40 =$ ______

$12 \cdot 50 - 143 =$ ______
$90 \cdot 3 - 71 =$ ______
$15 \cdot 20 - 99 =$ ______
$20 \cdot 50 - 950 =$ ______
$890 - 9 \cdot 90 =$ ______
$6 \cdot 50 + 379 =$ ______
$6 \cdot 70 + 81 =$ ______
$367 - 60 \cdot 6 =$ ______

Lösung

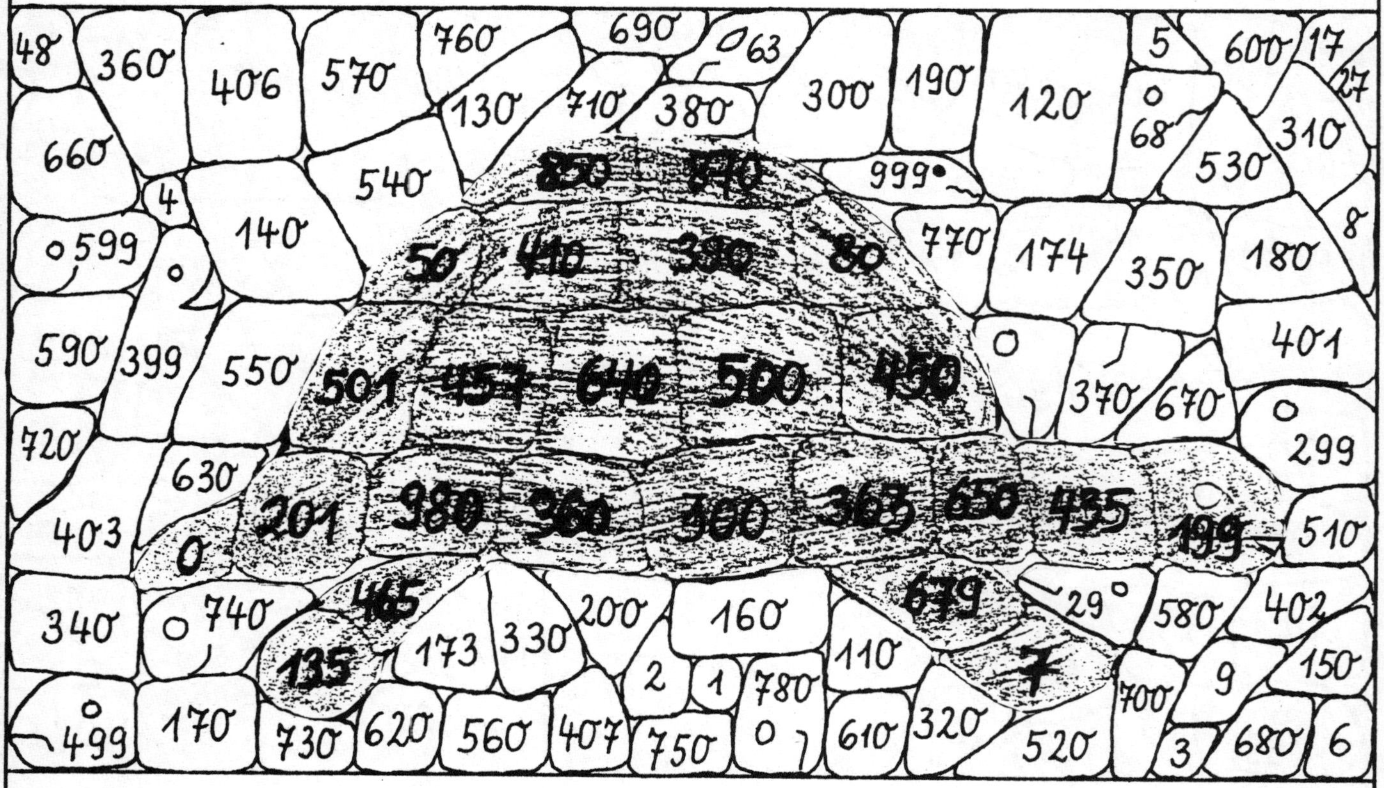

Male die Lösungsfelder moosgrün oder grün aus!

$6 \cdot 80 - 90 = 390$	$25 \cdot 4 + 700 = 800$	$12 \cdot 50 - 143 = 457$
$5 \cdot 70 + 60 = 410$	$3 \cdot 90 - 135 = 135$	$90 \cdot 3 - 71 = 199$
$9 \cdot 90 - 160 = 650$	$10 \cdot 10 + 263 = 363$	$15 \cdot 20 - 99 = 201$
$4 \cdot 60 + 400 = 640$	$60 \cdot 9 - 105 = 435$	$20 \cdot 50 - 950 = 50$
$5 \cdot 8 \cdot 9 = 360$	$4 \cdot 70 + 590 = 870$	$890 - 9 \cdot 90 = 80$
$70 \cdot 7 - 25 = 465$	$7 \cdot 70 + 7 \cdot 70 = 980$	$6 \cdot 50 + 379 = 679$
$10 \cdot 90 - 450 = 450$	$1000 - 5 \cdot 30 = 850$	$6 \cdot 70 + 81 = 501$
$8 \cdot 30 + 260 = 500$	$4 \cdot 20 - 2 \cdot 40 = 0$	$367 - 60 \cdot 6 = 7$

K r e i s p u z z l e

Schneide die einzelnen Tortenstücke (= Segmente) aus.
Nimm ein Teil. Auf ihm steht eine Rechnung. Rechne diese Aufgabe auf deinem Block. Auf einem anderen Puzzleteil findest du das Ergebnis der Rechnung. Lege es neben das erste Teil.
Nun findest du auf dem zweiten Segment eine Aufgabe. Rechne sie.
Weißt du nun, wie es geht?

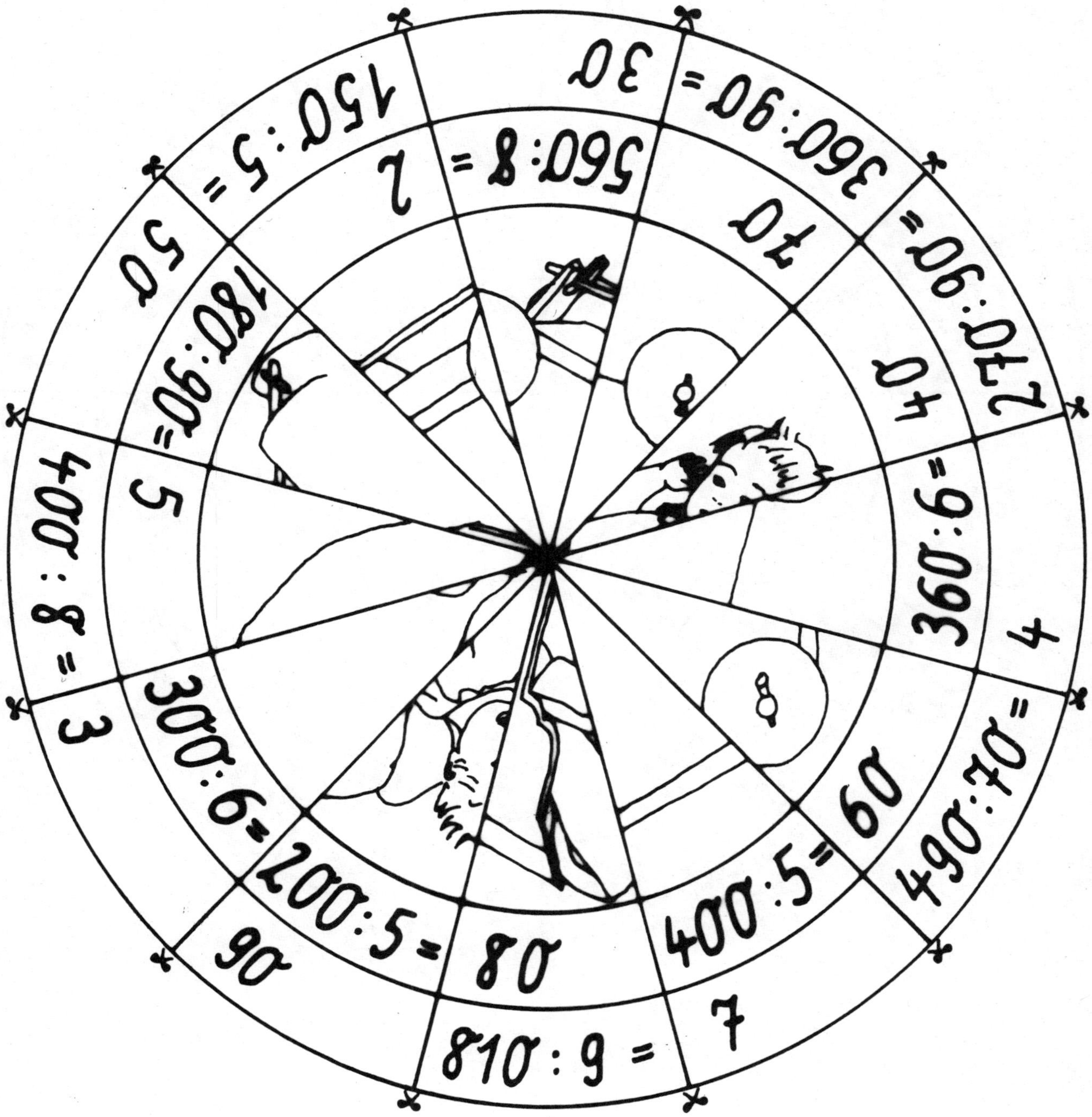

Lösung

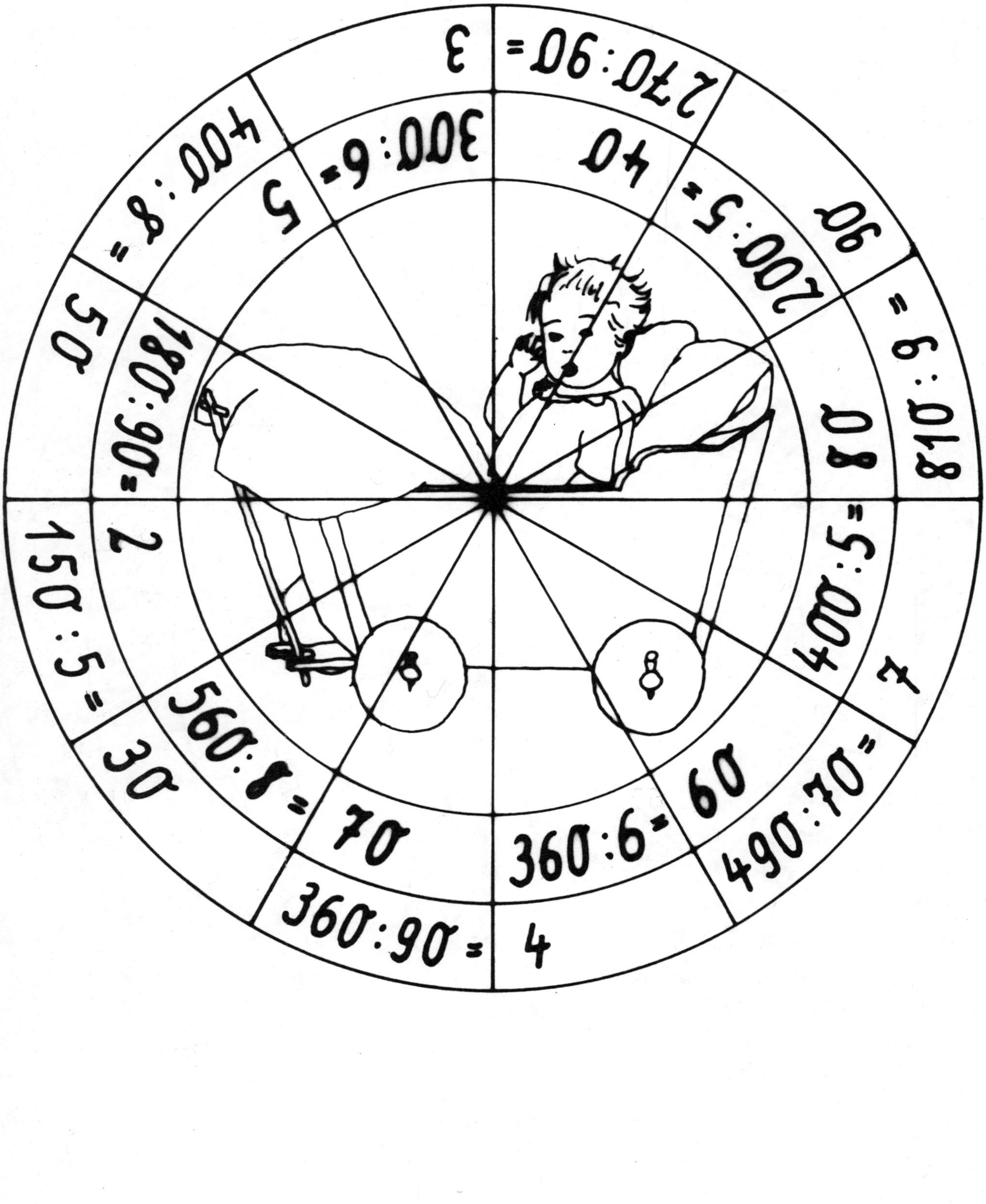
270 : 90 =
3
300 : 6 =
5
40
200 : 5 =
90
810 : 9 =
80
400 : 5 =
7
490 : 70 =
60
360 : 6 =
4
360 : 90 =
70
560 : 8 =
30
150 : 5 =
2
180 : 90 =
50
400 : 8 =

Puzzle

243 + 154 = ___	671 + 207 = ___	123 + 776 = ___	563 + 125 = ___
372 + ___ = 594	117 + ___ = 959	238 + ___ = 888	215 + ___ = 999
347 + 592 = ___	674 + 109 = ___	287 + 697 = ___	348 + 573 = ___
283 + ___ = 718	516 + ___ = 900	388 + ___ = 566	127 + ___ = 1000

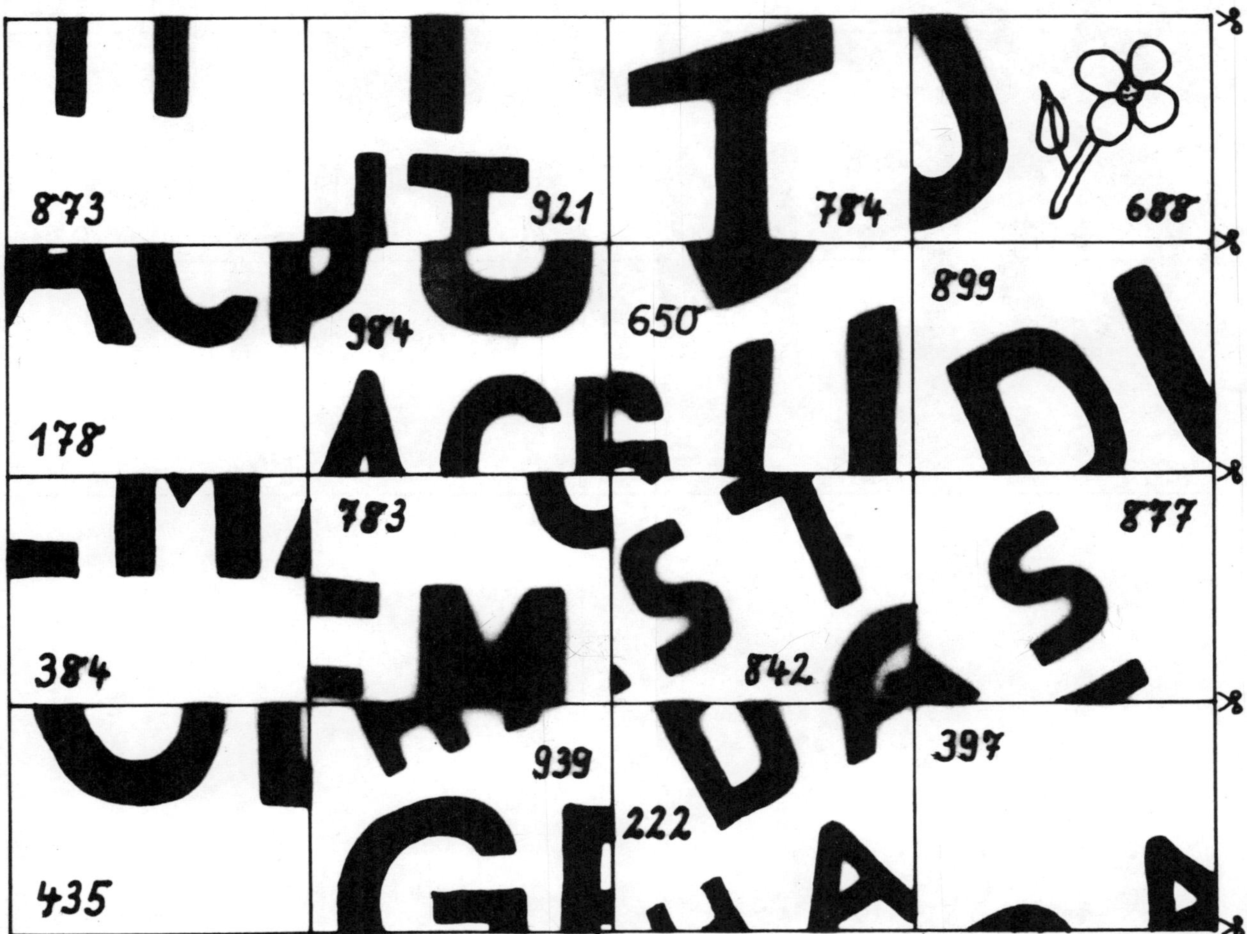

Lösung

DAS HAST DU GUT GEMACHT
397
877
899
688
222
650
842
784
939
783
984
921
435
384
178
873

Streifenpuzzle

Start	962	793	1128	578	971	895	958

196 212 +385	86 186 +686	399 70 +109	17 177 +777	706 90 + 99		506 274 +182	361 136 +631

Lösung

Start	793	578	895	962	958	1128	971

196	399	706	506	86	361	17	
212	70	90	274	186	136	177	
+ 385	+ 109	+ 99	+ 182	+ 686	+ 631	+ 777	
793	578	895	962	958	1128	971	

Streifenpuzzle

Start	37	105	90	313	272	248	605
MO	ST	EN	AT	RG	H	UN	DE
G	IM	D	!	OL	DE	M	UN
974 -661	600 -352	816 -779		392 -287	1079 - 989	714 -109	570 -298

Lösung

Start	313	105	37	248	605	272	90
M O	R G	E N	S T	U N	D E	H	A T
G	O L	D	I M	M	U N	D E	!
974 - 661 = 313	392 - 287 = 105	816 - 779 = 37	600 - 352 = 248	714 - 109 = 605	570 - 298 = 272	1079 - 989 = 90	

Kreuzzahlenrätsel

Trage die Ergebnisse in die entsprechenden Kästchen ein (wie beim Kreuzworträtsel)!

Waagrecht:

1) 985 - 592
3) 781 - 527
6) 109 - 27
8) 405 - 349
9) 416 - 187
11) 1000 - 172
13) 725 - 338
15) 900 - 804
16) 213 - 145
17) 254 - 161
19) 844 - 751

Senkrecht:

1) 4000 - 112
2) 102 - 10
3) 18 - 16
4) 125 - 70
5) 5000 - 393
7) 513 - 421
9) 800 - 514
10) 1111 - 175
12) 602 - 309
14) 1000 - 111
18) 1000 - 1000

Lösung

Trage die Ergebnisse in die entsprechenden Kästchen ein (wie beim Kreuzworträtsel)!

[1] 3	[2] 9	3		[3] 2	[4] 5	[5] 4
[6] 8	2		[7] 9		[8] 5	6
8		[9] 2	2	[10] 9		0
[11] 8	[12] 2	8		[13] 3	[14] 8	7
	[15] 9	6		[16] 6	8	
[17] 9	3		[18] 0		[19] 9	3

Waagrecht:

1) 985 - 592
3) 781 - 527
6) 109 - 27
8) 405 - 349
9) 416 - 187
11) 1000 - 172
13) 725 - 338
15) 900 - 804
16) 213 - 145
17) 254 - 161
19) 844 - 751

Senkrecht:

1) 4000 - 112
2) 102 - 10
3) 18 - 16
4) 125 - 70
5) 5000 - 393
7) 513 - 421
9) 800 - 514
10) 1111 - 175
12) 602 - 309
14) 1000 - 111
18) 1000 - 1000

Puzzle

157 − 46 = ____	687 − 354 = ____	956 − 942 = ____	1000 − 593 = ____
509 − 164 = ____	390 − 91 = ____	720 − 190 = ____	1000 − 666 = ____
862 − 793 = ____	908 − 109 = ____	412 − ____ = 198	1000 − ____ = 817
513 − ____ = 276	____ − 94 = 874	____ − 150 = 843	____ − 445 = 555

Lösung

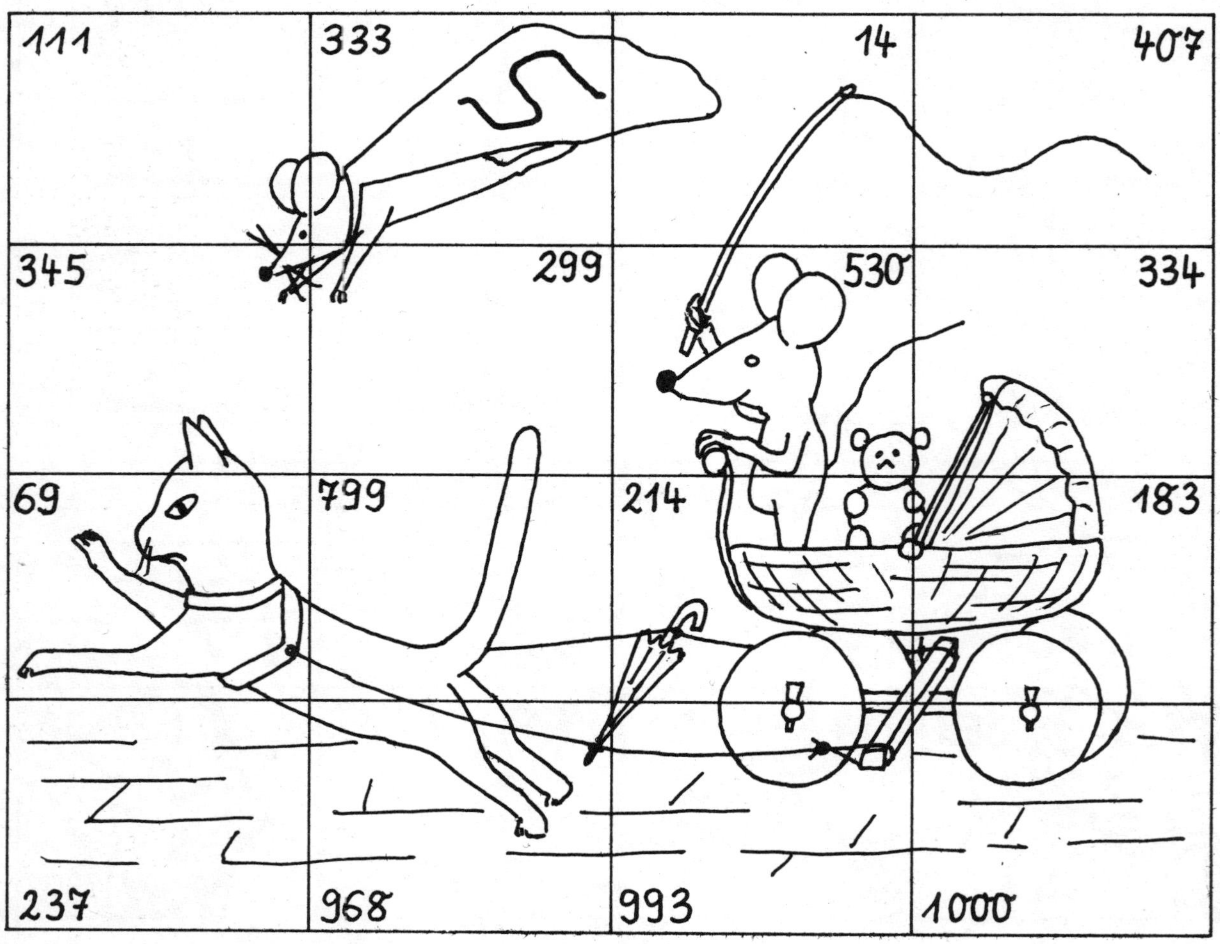

Für schlaue Füchse

Jedes Zeichen entspricht einer Zahl. Gleiche Zeichen sind gleiche Zahlen. Mit Ausprobieren findest du sicher eine Lösung!

○	+	●	=	⊗
·	■	+	■	·
▲	−	●	=	⊗
=	■	=	■	=
▲	+	▷	=	⊘

	+		=	
·	■	+	■	·
	−		=	
=	■	=	■	=
	+		=	

●	+	○	=	▼
:	■	·	■	−
○	·	△	=	○
=	■	=	■	=
○	+	○	=	●

	+		=	
:	■	·	■	−
	·		=	
=	■	=	■	=
	+		=	

Lösung

Jedes Zeichen entspricht einer Zahl. Gleiche Zeichen sind gleiche Zahlen. Mit Ausprobieren findest du sicher eine Lösung!

○	+	●	=	⊗
·		+		·
▲	−	●	=	⊗
=		=		=
▲	+	▷	=	⊘

1	+	2	=	3
·		+		·
5	−	2	=	3
=		=		=
5	+	4	=	9

●	+	○	=	▼
:		·		−
○	·	△	=	○
=		=		=
○	+	○	=	●

4	+	2	=	6
:		·		−
2	·	1	=	2
=		=		=
2	+	2	=	4

Für schlaue Füchse

Jedes Zeichen entspricht einer Zahl. Gleiche Zeichen sind gleiche Zahlen. Mit Ausprobieren findest du sicher eine Lösung.

●	−	○	=	⊖
:	■	·	■	+
○	·	△	=	○
=	■	=	■	=
○	·	○	=	●

	−		=	
:	■	·	■	+
	·		=	
=	■	=	■	=
	·		=	

○	:	●	=	△
:	■	+	■	+
△	·	▲	=	⦶
=	■	=	■	=
●	·	△	=	○

	:		=	
:	■	+	■	+
	·		=	
=	■	=	■	=
	·		=	45

Lösung

Jedes Zeichen entspricht einer Zahl. Gleiche Zeichen sind gleiche Zahlen. Mit Ausprobieren findest du sicher eine Lösung!

●	−	○	=	⊖
:		·		+
○	·	△	=	○
=		=		=
○	·	○	=	●

9	−	3	=	6
:		·		+
3	·	1	=	3
=		=		=
3	·	3	=	9

○	:	●	=	△
:		+		+
△	·	▲	=	⦶
=		=		=
●	·	△	=	○

45	:	5	=	9
:		+		+
9	·	4	=	36
=		=		=
5	·	9	=	45

Große Zahlen

Du weißt sicher, wer in diesem sagenhaften Geldspeicher wohnt: ______________________

Weißt du auch, wo dieser Geldspeicher steht?

____

Jeden Tag erhält DD von seinen vielen Fabriken große Geldsummen.

<u>Trage die Einnahmen in das Bündelhaus ein!</u>

Die Gluck & Gack Hühnerfarm schickt 3 Zehntausender und 5 Hunderter.

Die Goldmine-Company überweist 1 Million, 2 Hunderttausender und 9 Zehntausender.

Von der DD-Fluglinie kommen 5 Zehntausender und 8 Hunderter.

Die Alaska-Eisfabrik bezahlt 1 Hunderttausender und 2 Tausender.

Donald hat für Dagobert 2 Zehner verdient.

Die Knatter-Transport-Gesellschaft kann 1 Zehntausender, 8 Tausender und 7 Hunderter überweisen.

Die Schiffahrtsgesellschaft "Sink & Weg" zahlt 1 Million und 5 Zehntausender.

Klunker & Glitzer schicken 3 Hunderttausender und 6 Tausender.

2 Hunderttausender und 7 Zehntausender hat DD unter seinem Hut.

M	HT	ZT	T	H	Z	E

Lösung

Du weißt sicher, wer in diesem sagenhaften Geldspeicher wohnt: ***Dagobert Duck***

Weißt du auch, wo dieser Geldspeicher steht?

Entenhausen

Jeden Tag erhält DD von seinen vielen Fabriken große Geldsummen.

Trage die Einnahmen in das Bündelhaus ein!

Die Gluck & Gack Hühnerfarm schickt 3 Zehntausender und 5 Hunderter.

Die Goldmine-Company überweist 1 Million, 2 Hunderttausender und 9 Zehntausender.

Von der DD-Fluglinie kommen 5 Zehntausender und 8 Hunderter.

Die Alaska-Eisfabrik bezahlt 1 Hunderttausender und 2 Tausender.

Donald hat für Dagobert 2 Zehner verdient.

Die Knatter-Transport-Gesellschaft kann 1 Zehntausender, 8 Tausender und 7 Hunderter überweisen.

Die Schiffahrtsgesellschaft "Sink & Weg" zahlt 1 Million und 5 Zehntausender.

Klunker & Glitzer schicken 3 Hunderttausender und 6 Tausender.

2 Hunderttausender und 7 Zehntausender hat DD unter seinem Hut.

M	HT	ZT	T	H	Z	E
		3	0	5	0	0
1	2	9	0	0	0	0
		5	0	8	0	0
	1	0	2	0	0	0
					2	0
		1	8	7	0	0
1	0	5	0	0	0	0
	3	0	6	0	0	0
	2	7	0	0	0	0

Schreibe die Zahlen!

	M	HT	ZT	T	H	Z	E	
dreihundertvierundfünfzigtausendeinhundert								
fünfundachtzigtausendzweihundertsiebenundfünfzig								
achthundertachttausendachthundertacht								
eine Million zweihundertsiebentausend								
fünfhundertdreiundneunzigtausendachthundertelf								
eine Million sechshundertsechsundfünfzigtausenddreihundert								
eine Million achttausendfünfhundertachtzehn								
neunhundertneunundneunzigtausendneunhundertneun								
eine Million fünfzigtausendneunundfünfzig								
eine Million dreiundzwanzigtausendvierhundertsieben								
								800 073
								1 011 002
								55 201
								901 010
								1 000 105
								111 012
								89 700
								2 000 202

Schreibe die Zahlen!

Lösung

	M	HT	ZT	T	H	Z	E	
dreihundertvierundfünfzigtausendeinhundert		3	5	4	1	0	0	354 100
fünfundachtzigtausendzweihundertsiebenundfünfzig			8	5	2	5	7	85 257
achthundertachttausendachthundertacht		8	0	8	8	0	8	808 808
eine Million zweihundertsiebentausend	1	2	0	7	0	0	0	1 207 000
fünfhundertdreiundneunzigtausendachthundertelf		5	9	3	8	1	1	593 811
eine Million sechshundertsechsundfünfzigtausenddreihundert	1	6	5	6	3	0	0	1 656 300
eine Million achttausendfünfhundertachtzehn	1	0	0	8	5	1	8	1 008 518
neunhundertneunundneunzigtausendneunhundertneun		9	9	9	9	0	9	999 909
eine Million fünfzigtausendneunundfünfzig	1	0	5	0	0	5	0	1 050 050
eine Million dreiundzwanzigtausendvierhundertsieben	1	0	2	3	4	0	7	1 023 407
achthunderttausenddreiundsiebzig		8	0	0	0	7	3	800 073
eine Million elftausendundzwei	1	0	1	1	0	0	2	1 011 002
fünfundfünfzigtausendzweihunderteins			5	5	2	0	1	55 201
neunhunderteintausendzehn		9	0	1	0	1	0	901 010
eine Million einhundertfünf	1	0	0	0	1	0	5	1 000 105
einhundertelftausendzwölf		1	1	1	0	1	2	111 012
neunundachtzigtausendsiebenhundert			8	9	7	0	0	89 700
zwei Millionen zweihundertzwei	2	0	0	0	2	0	2	2 000 202

Inflation

Im Jahre 1923 wurde das Geld immer weniger wert. Die Lebensmittel und die anderen Sachen wurden immer teurer, selbst eine Briefmarke kostet 1 Million Reichsmark.

1) Schneide die untenstehenden Briefmarken aus und sortiere sie nach der Größe. Beginne mit dem kleinsten Wert. Klebe die Briefmarken dann in die Felder 1 bis 12!

2) a) Wie groß ist der Unterschied zwischen der Briefmarke mit dem kleinsten und der Briefmarke mit dem größten Wert? ____________

   b) Herr Huber kaufte 5 Marken der Nummer 5. Wieviel bezahlte er? ______________________________________

   c) Frau Monz kaufte für 1 Million Briefmarken der Nummer 9.

   ____

   d) Erfinde selbst Aufgaben!

1)	2)	3)	4)	5)	6)

7)	8)	9)	10)	11)	12)

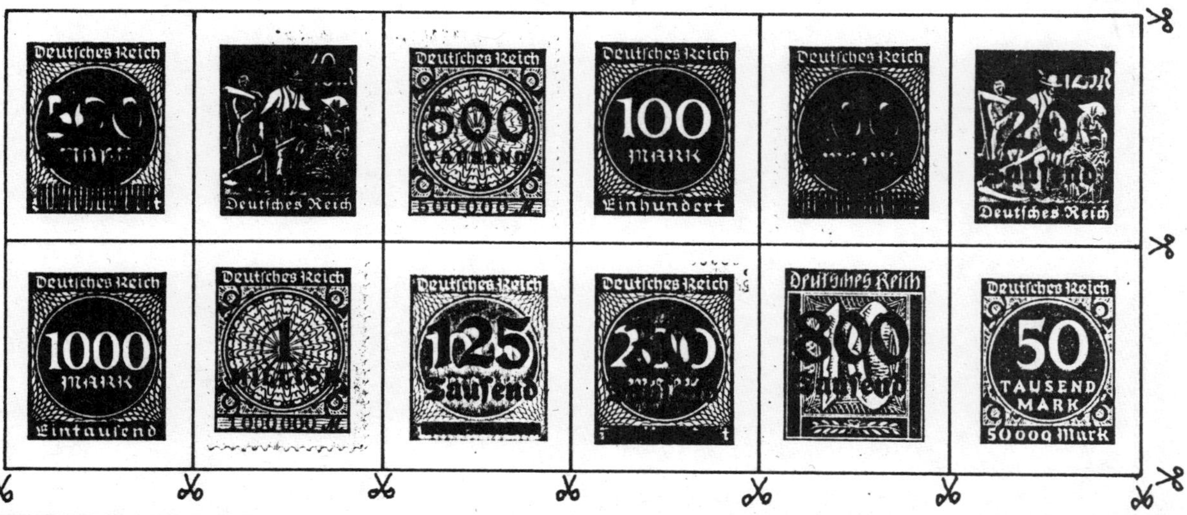

Lösung

Inflation

Im Jahre 1923 wurde das Geld immer weniger wert. Die Lebensmittel und die anderen Sachen wurden immer teurer, selbst eine Briefmarke kostet 1 Million Reichsmark.

1) Schneide die untenstehenden Briefmarken aus und sortiere sie nach der Größe. Beginne mit dem kleinsten Wert. Klebe die Briefmarken dann in die Felder 1 bis 12!

2) a) Wie groß ist der Unterschied zwischen der Briefmarke mit dem kleinsten und der Briefmarke mit dem größten Wert? 999 900 M

b) Herr Huber kaufte 5 Marken der Nummer 5. Wieviel bezahlte er? Er bezahlte 150 000 M.

c) Frau Monz kaufte für 1 Million Briefmarken der Nummer 9.

Er bekam 4 Stück.

d) Erfinde selbst Aufgaben!

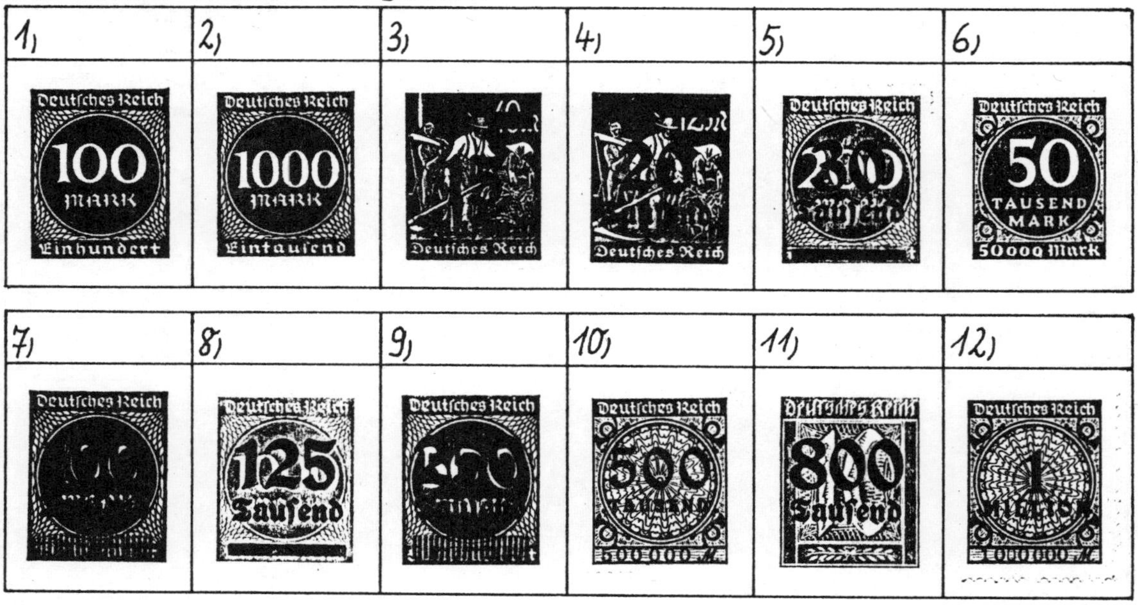

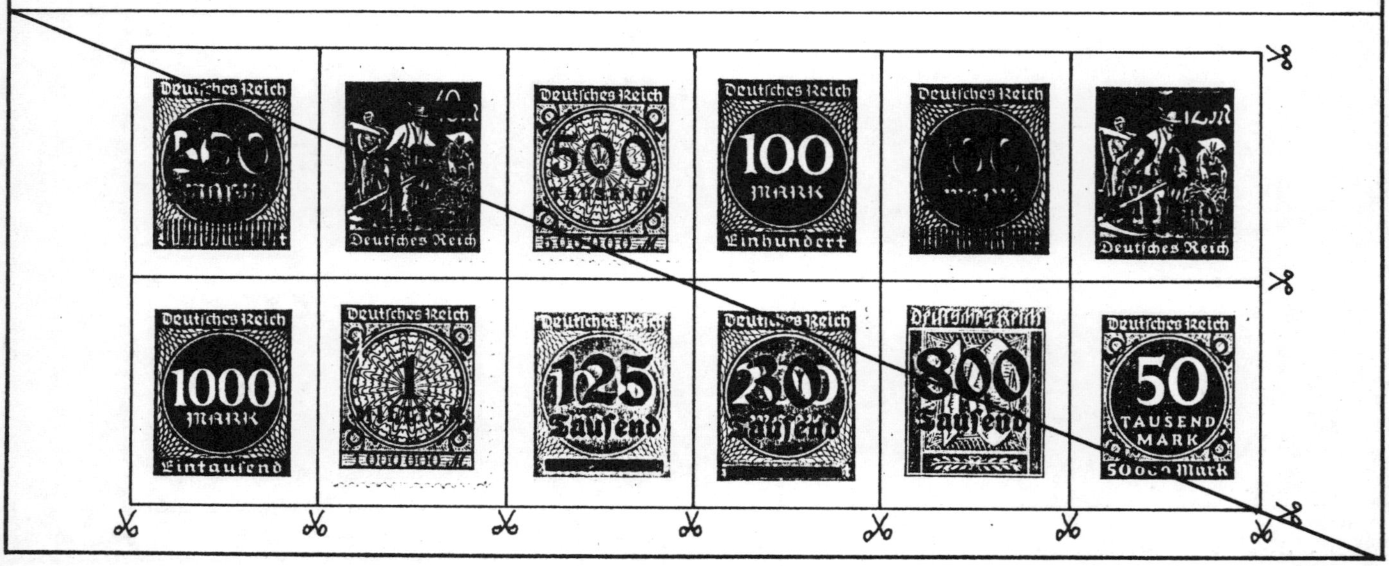

Aufgaben

1) Sortiere die Werte der Geldscheine der Größe nach. Beginne mit dem kleinsten Wert!

______ → ______ → ______ → ______ →

______ → ______ → ______

2) Trage die Werte der Geldscheine in das Zahlenhaus ein!

M	HT	ZT	T	H	Z	E

3) Zähle die Werte der Geldscheine (außer dem 1 000 000 Schein) zusammen!

____

____

4) Wie viele Geldscheine brauchst du, um 100 000, 500 000 und 1 Million zu erhalten?

	5 000er Scheine	10 000er Scheine	20 000er Scheine	50 000er Scheine	100 000er Scheine	200 000er Scheine
Für 100 000 brauche ich:						
Für 500 000 brauche ich:						
Für 1 Million brauche ich:						

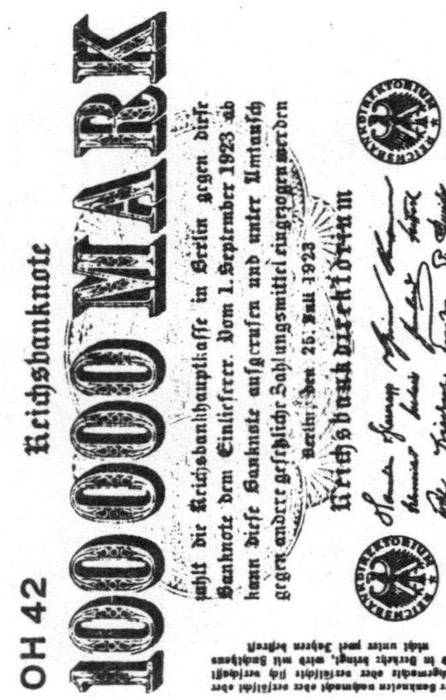

***AUFGABEN:** nächstes Blatt*

Lösung

Aufgaben

1) Sortiere die Werte der Geldscheine der Größe nach. Beginne mit dem kleinsten Wert!

5000 → 10 000 → 20 000 → 50 000 → 100 000 → 200 000 → 1 000 000

2) Trage die Werte der Geldscheine in das Zahlenhaus ein!

M	HT	ZT	T	H	Z	E
			5	0	0	0
		1	0	0	0	0
		2	0	0	0	0
		5	0	0	0	0
	1	0	0	0	0	0
	2	0	0	0	0	0
1	0	0	0	0	0	0

3) Zähle die Werte der Geldscheine (außer dem 1 000 000 Schein) zusammen!

5000 + 10 000 + 20 000 + 50 000 + 100 000 + 200 000 =

= 385 000

4) Wie viele Geldscheine brauchst du, um 100 000, 500 000 und 1 Million zu erhalten?

	5 000er Scheine	10 000er Scheine	20 000er Scheine	50 000er Scheine	100 000er Scheine	200 000er Scheine
Für 100 000 brauche ich:	20	10	5	2	1	–
Für 500 000 brauche ich:	100	50	25	10	5	–
Für 1 Million brauche ich:	200	100	50	20	10	5

Lies die Zahlen!

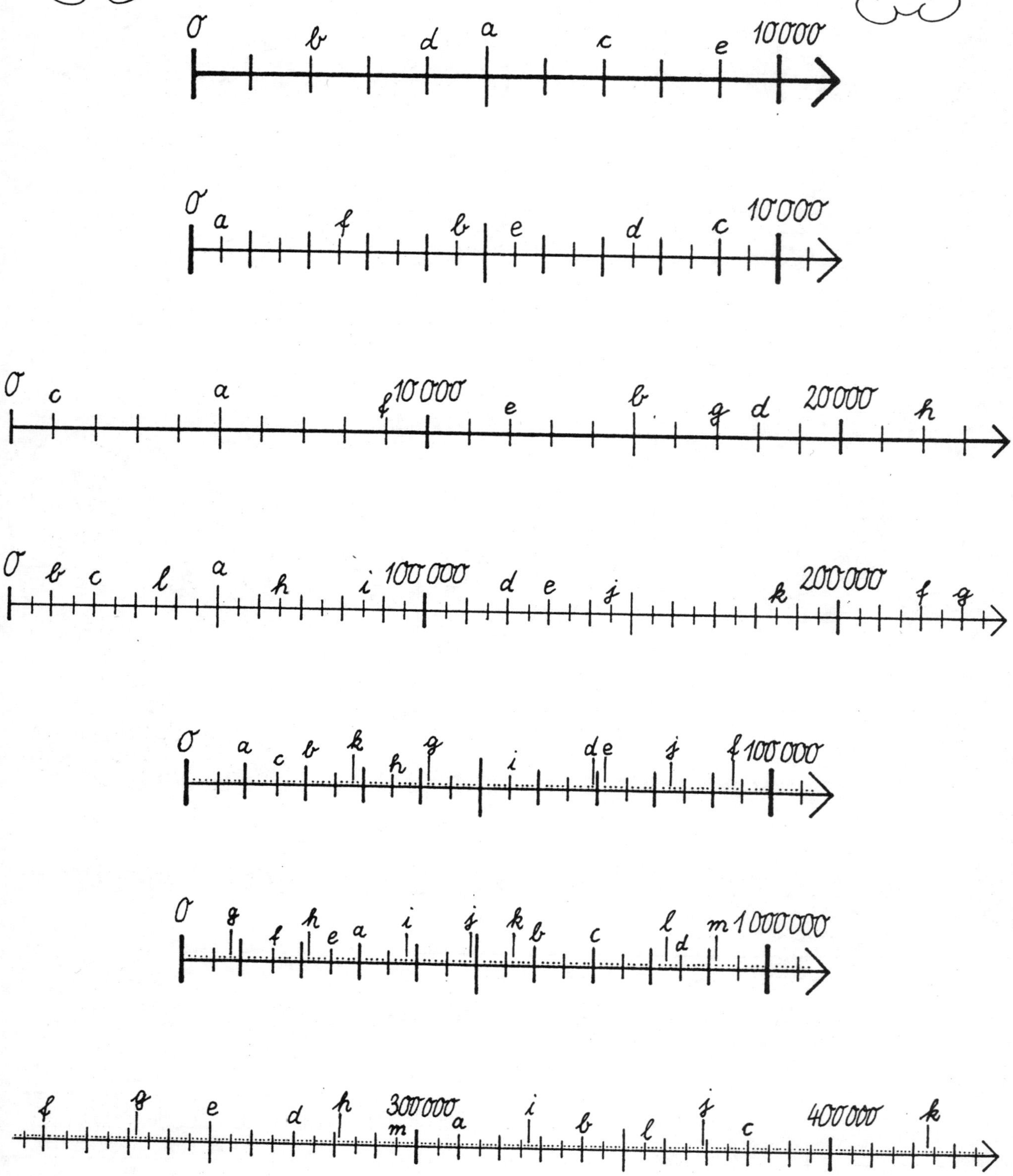

Wie heißen die Rechnungen?

Nimm aus jedem Kasten eine Zahl! Die Ergebnisse der Rechnungen stehen in den Schiffen!

170 000	−	30 000
210 000		90 000
500 000		180 000
460 000		250 000

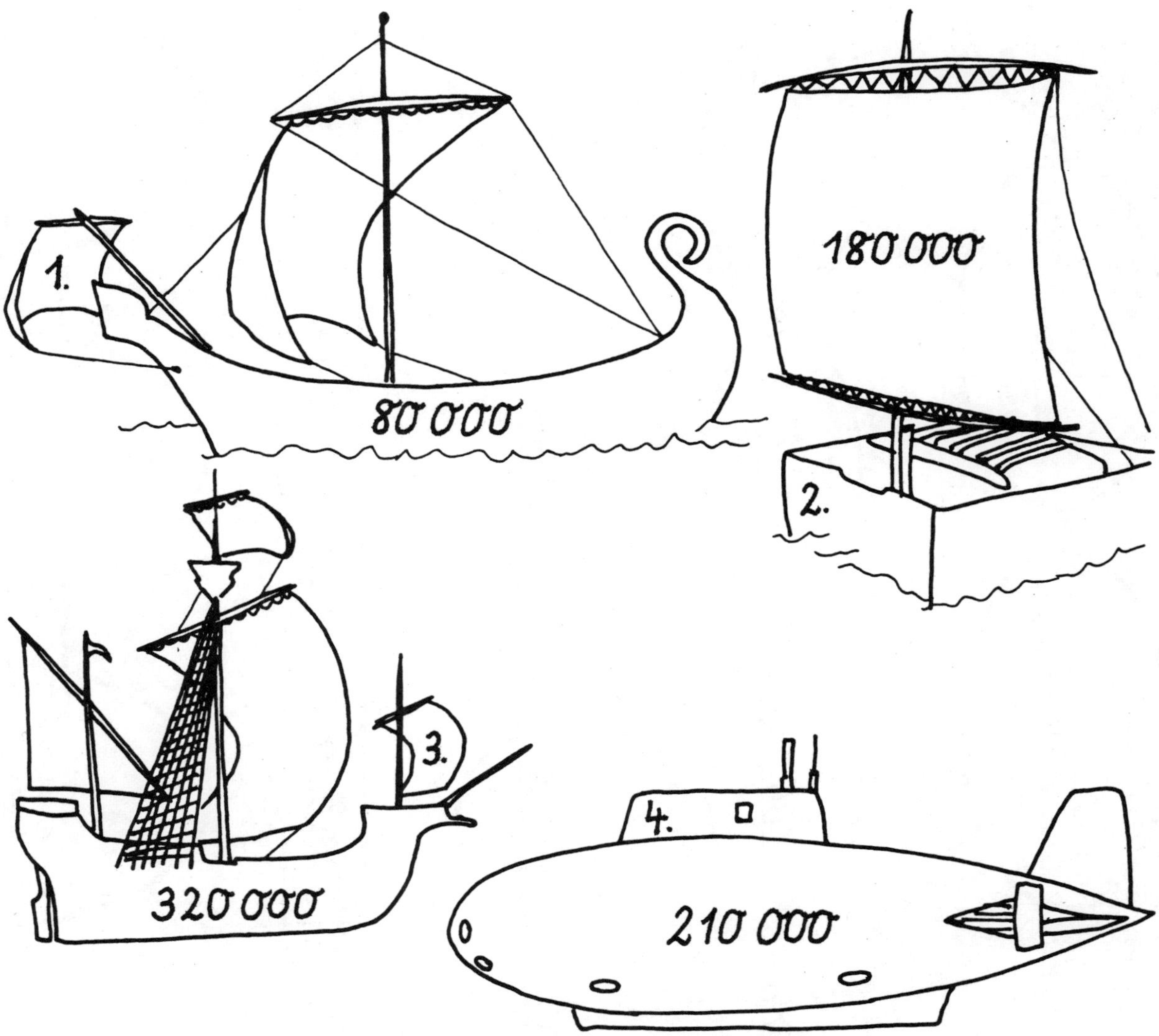

Lösung

1) 170 000 − 90 000 = 80 000

2) 210 000 − 30 000 = 180 000

3) 500 000 − 180 000 = 320 000

4) 460 000 − 250 000 = 210 000

Jmmer 5 000 dazu: 25 000

Jmmer 10 000 dazu: 860 000

Jmmer das Doppelte 4000

Jmmer 8000 weg: 900 000

Jmmer 20 000 weg: 620 000

Puzzle

92 641 + 8 593 =	6 666 + 1 094 =	4 093 + 2 907 =	108 571 + 99 079 =
295 769 + 674 196 =	362 009 + 637 901 =	81 234 + 56 789 =	99 999 + 89 898 =
26 204 + 93 097 =	9 407 + 191 077 =	904 268 + 9 952 =	88 521 + 13 294 =
25 802 + ______ = 86 899	3 899 + ______ = 50 000	111 111 + ______ = 200 000	.... + 73 895 = 112 907

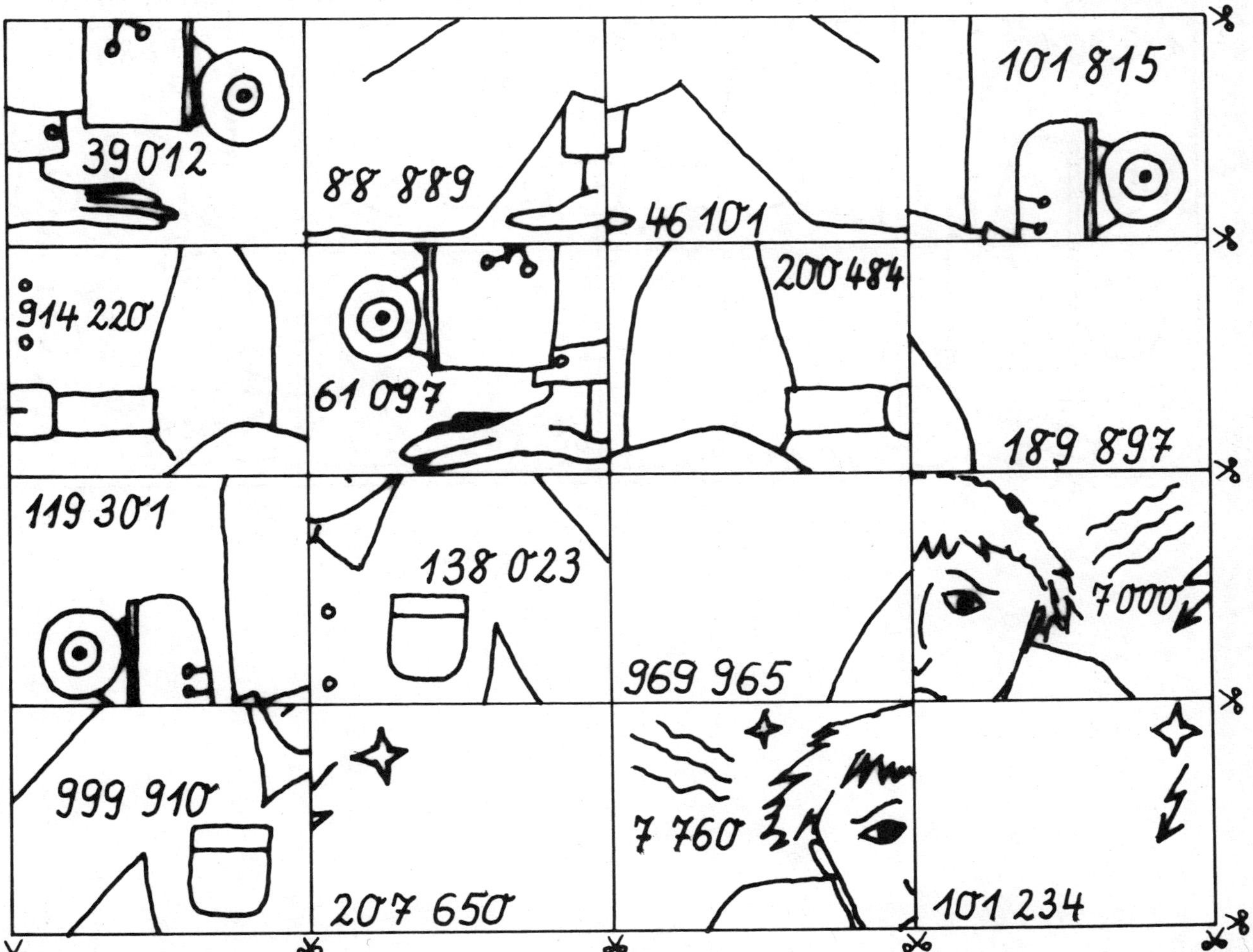

Lösung

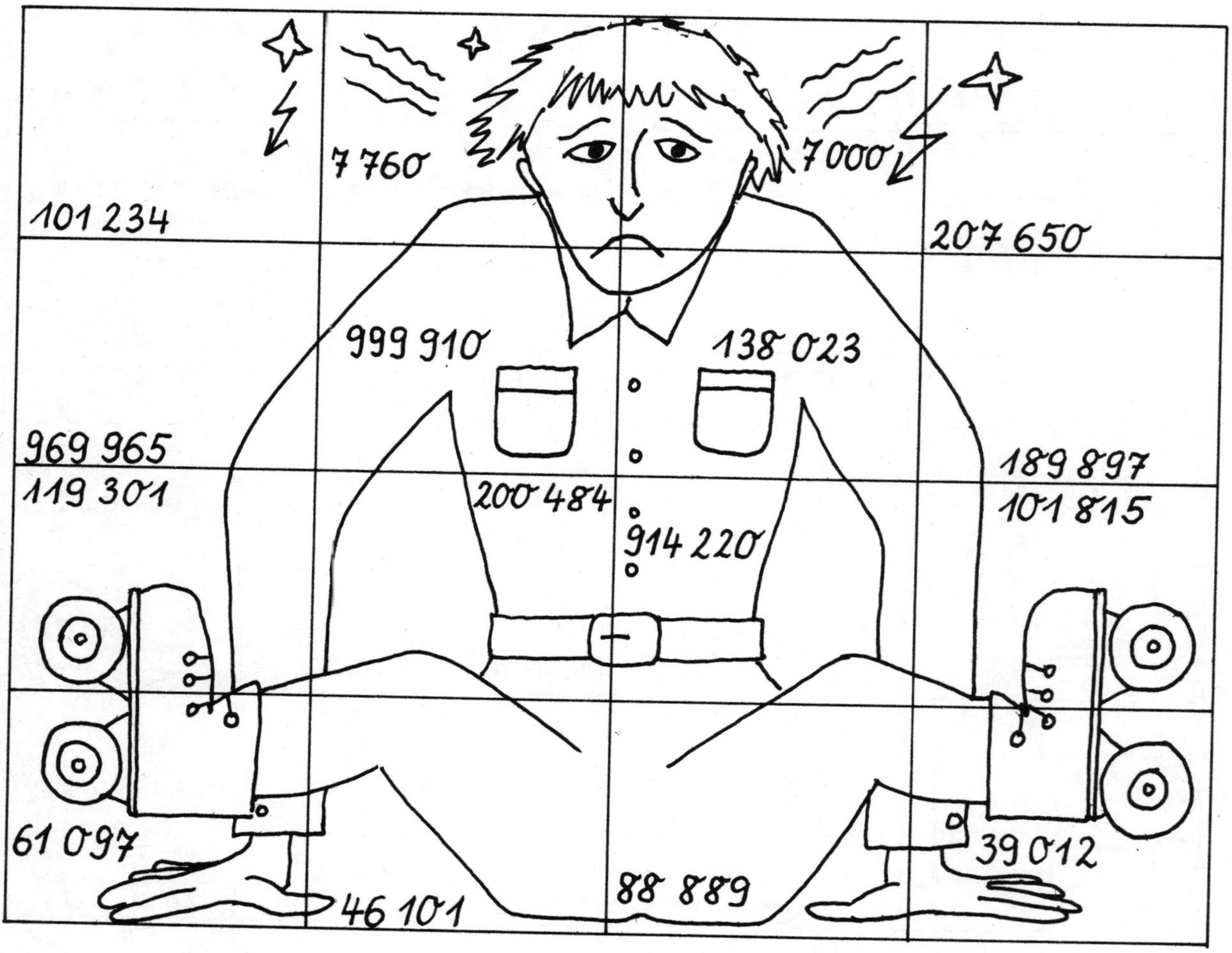
101 234
7 760
7 000
207 650
999 910
138 023
969 965
119 301
189 897
101 815
200 484
914 220
61 097
46 101
88 889
39 012

K r e i s p u z z l e

Schneide die einzelnen Tortenstücke (= Segmente) aus.
Nimm ein Teil. Auf ihm steht eine Rechnung. Rechne diese Aufgabe auf deinem Block. Auf einem anderen Puzzleteil findest du das Ergebnis der Rechnung. Lege es neben das erste Teil.
Nun findest du auf dem zweiten Segment eine Aufgabe. Rechne sie.
Weißt du nun, wie es geht?

Lösung

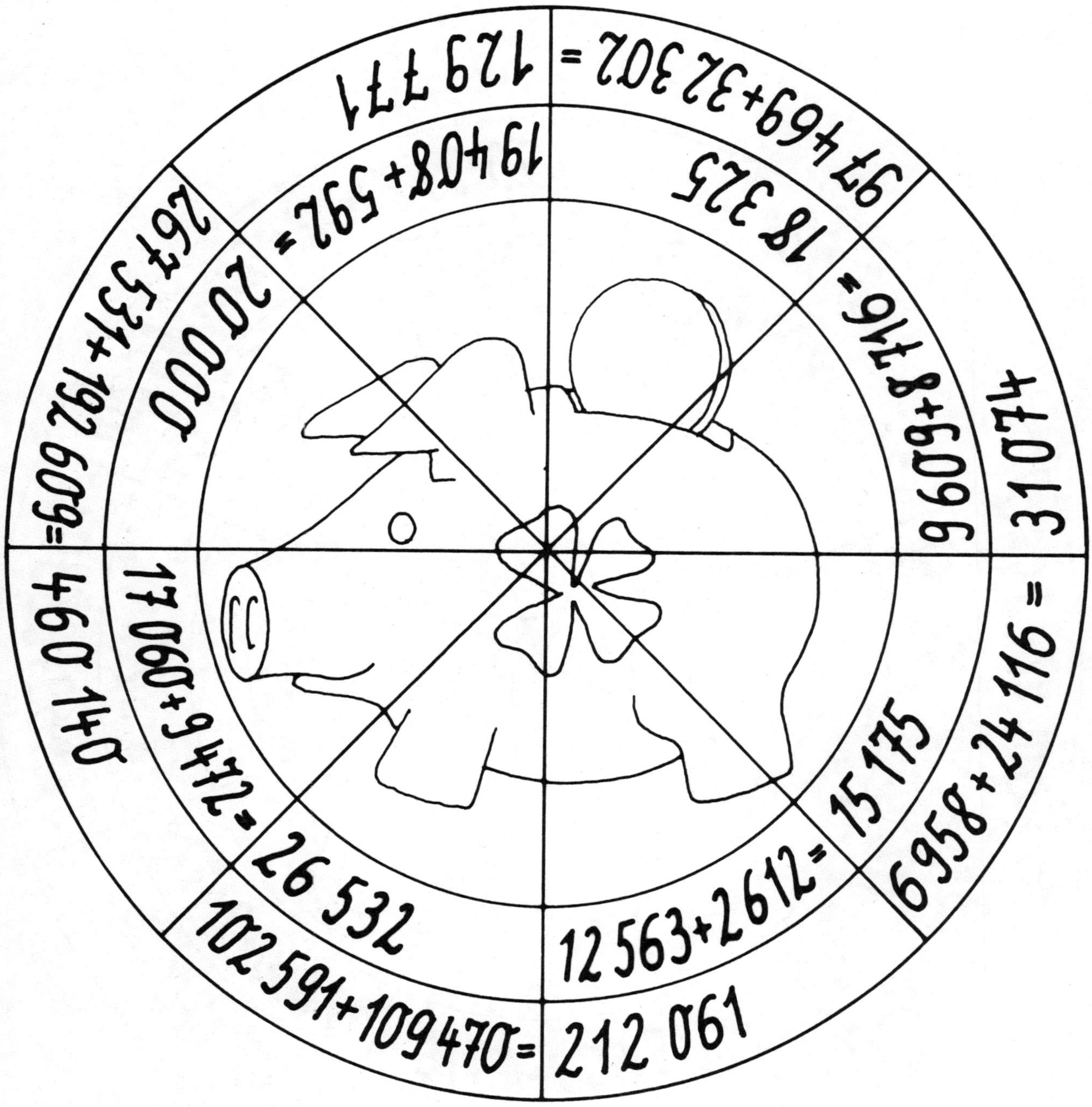
97 469 + 32 302 =
129 771
19 408 + 592 =
20 000
267 531 + 192 609 =
460 140
17 060 + 9 472 =
26 532
102 591 + 109 470 =
212 061
12 563 + 2 612 =
15 175
6958 + 24 116 =
31 074
9 609 + 8 716 =
18 325

Streifenpuzzle

Start	1 000 000	84 635	999 999	15 797	781 110	67 241	100 561	310 020	49 284

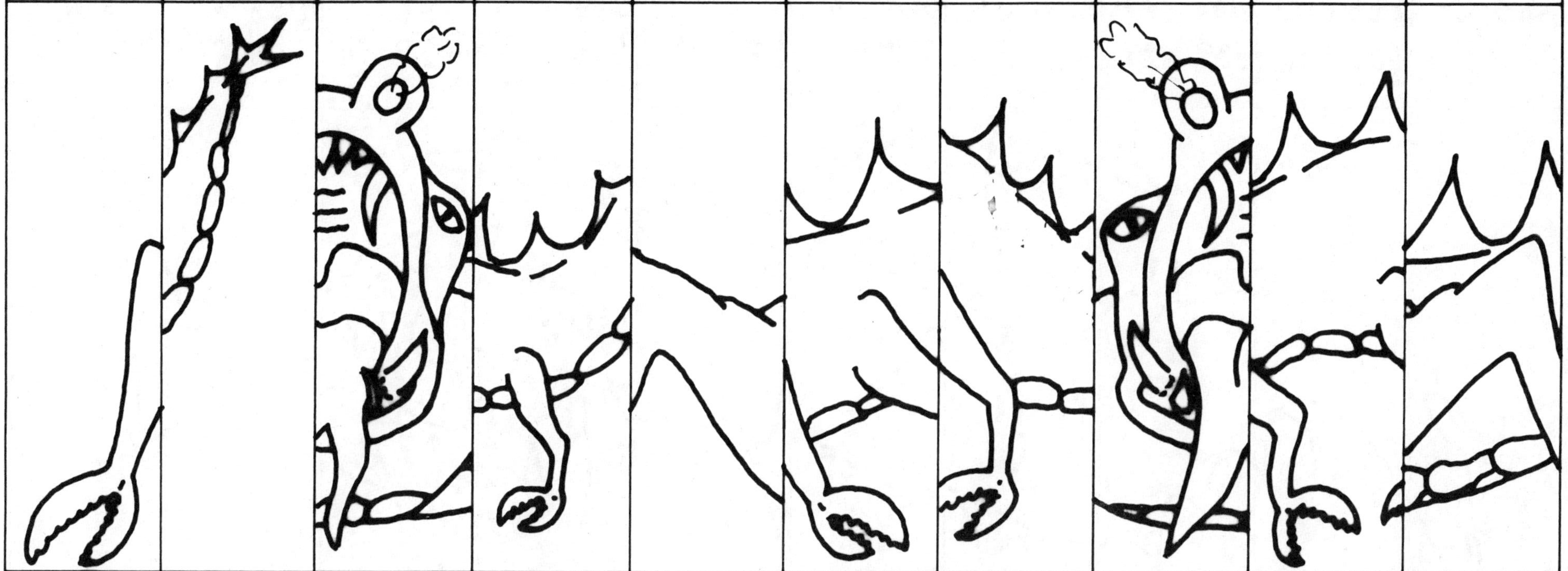

1 396 4 712 + 9 689	Ende	444 4 440 + 44 400	245 091 629 992 +124 917	28 005 31 875 +40 681	118 804 92 196 + 99 020	777 625 112 189 +110 185	48 659 959 +35 017	8 256 9 077 +49 908	555 222 222 555 + 3 333

Lösung

Start	15 797	100 561	84 635	49 284	781 110	310 020	67 241	999 999	1 000 000

1 396	28 005	48 659	444	555 222	118 804	8 256	777 625	245 091	
4 712	31 875	959	4 440	222 555	92 196	9 077	112 189	629 992	
+ 9 689	+ 40 681	+ 35 017	+ 44 400	+ 3 333	+ 99 020	+ 49 908	+ 110 185	+ 124 917	
15 797	100 561	84 635	49 284	781 110	310 020	67 241	999 999	1 000 000	Ende

Male die Lösungsfelder blau aus!

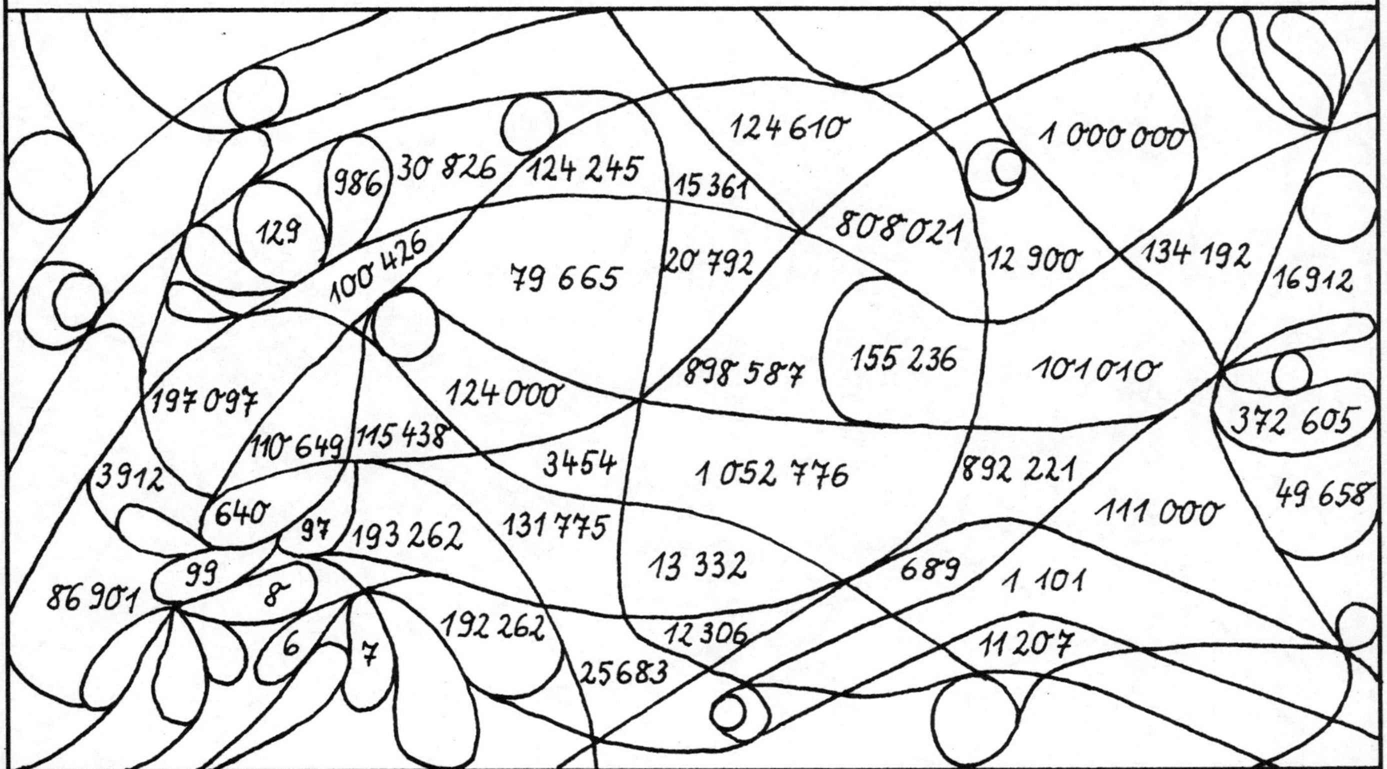

Rechne nebeneinander!

1) 289 + 351 = ________

2) 78 + 19 = ________

3) 998 + 2 456 = ________

4) 12 805 + 12 878 = ________

5) 123 456 + 789 = ________

6) 69 531 + 45 907 = ________

7) 987 107 + 65 669 = ________

8) 10 908 + 99 741 = ________

9) 888 888 + 3 333 = ________

10) 7 971 + 189 126 = ________

11) 55 102 + 79 090 = ________

12) 65 901 + 65 874 = ________

13) 70 561 + 29 865 = ________

14) 8 812 + 11 980 = ________

15) 109 345 + 45 891 = ________

16) 888 709 + 9 878 = ________

17) 9 456 + 5 905 = ________

18) 123 123 + 877 = ________

19) 173 376 + 19 886 = ________

20) 34 610 + 90 000 = ________

21) 5 555 + 7 777 = ________

22) 77 666 + 1 999 = ________

23) 80 808 + 20 202 = ________

24) 55 500 + 55 500 = ________

Lösung

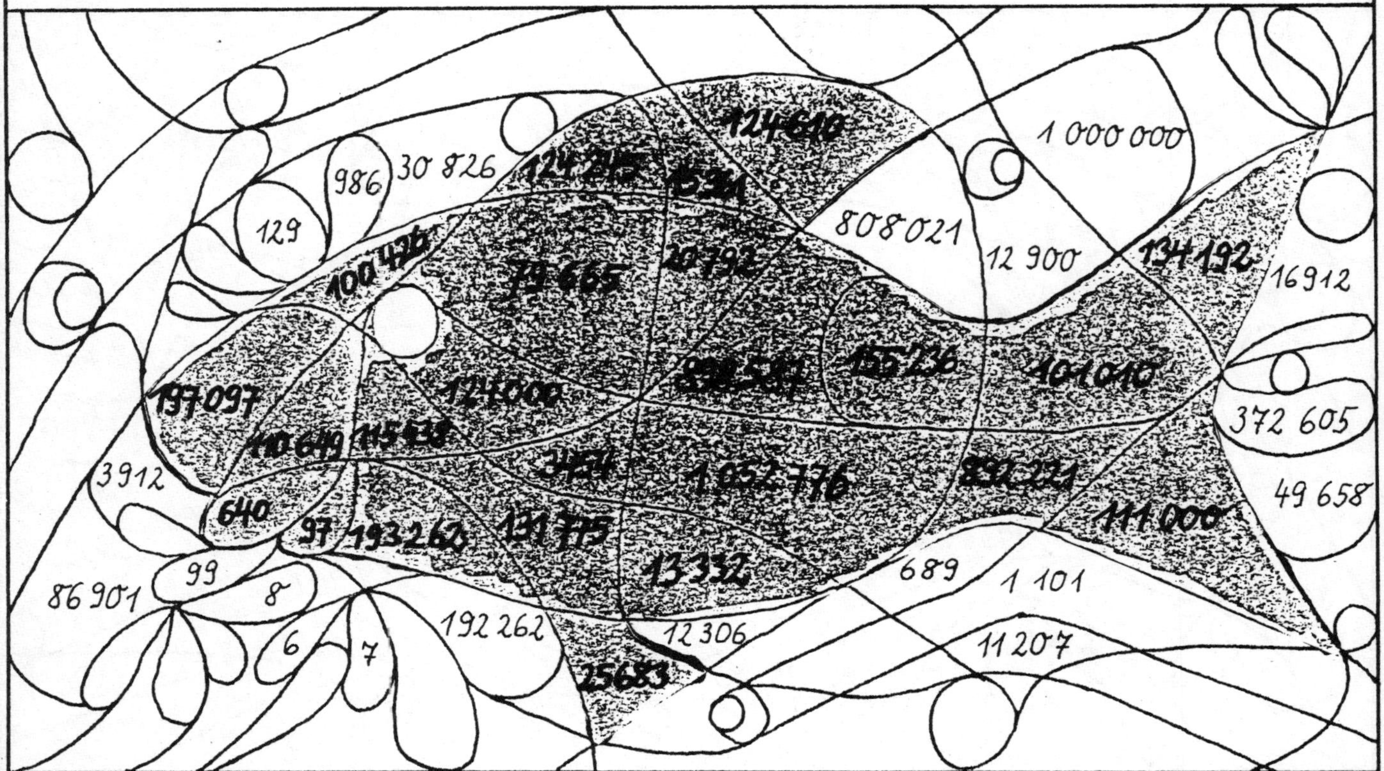

Rechne nebeneinander!

1) 289 + 351 = 640

2) 78 + 19 = 97

3) 998 + 2 456 = 3 454

4) 12 805 + 12 878 = 25 683

5) 123 456 + 789 = 124 245

6) 69 531 + 45 907 = 115 438

7) 987 107 + 65 669 = 1 052 776

8) 10 908 + 99 741 = 110 649

9) 888 888 + 3 333 = 892 221

10) 7 971 + 189 126 = 197 097

11) 55 102 + 79 090 = 134 192

12) 65 901 + 65 874 = 131 775

13) 70 561 + 29 865 = 100 426

14) 8 812 + 11 980 = 20 792

15) 109 345 + 45 891 = 155 236

16) 888 709 + 9 878 = 898 587

17) 9 456 + 5 905 = 15 361

18) 123 123 + 877 = 124 000

19) 173 376 + 19 886 = 193 262

20) 34 610 + 90 000 = 124 610

21) 5 555 + 7 777 = 13 332

22) 77 666 + 1 999 = 79 665

23) 80 808 + 20 202 = 101 010

24) 55 500 + 55 500 = 111 000

Puzzle

Vier Lottogewinner teilen sich den Gewinn. Jeder erhält 34 500 DM.	Autohändler Schulz verkaufte diese Woche einen gebrauchten Golf für 3 850 DM, eine BMW für 9 880 DM und einen Mercedes für 18 350 DM.	Eine Schule kauft Bücher für 2 987 DM, einen Fernseher für 2 098 DM und einen Videorecorder für 1 679 DM.
Familie Gerstenkorn fliegt 4 700 km nach New York, fliegt dann 4 200 km nach San Francisco und von dort 8 250 km nach Hause.	Für ein neues Bürgerhaus gibt die Gemeinde 692 500 DM aus. Die Einrichtung kostet nochmal 45 680 DM.	Vor 100 Jahren hatte eine Stadt 287 577 Einwohner. Heute sind es 114 904 mehr.
Eine Autofabrik hat 82 567 Mitarbeiter. Es werden zusätzlich 4 850 Arbeiter eingestellt.	Großhändler Müller verkaufte letzten Monat 5 987 kg Bananen, 9 543 kg Äpfel und 2 992 kg Birnen.	Herr Schmidt kauft sich eine Eigentumswohnung für 398 500 DM. Für die Einrichtung braucht er 35 400 DM.

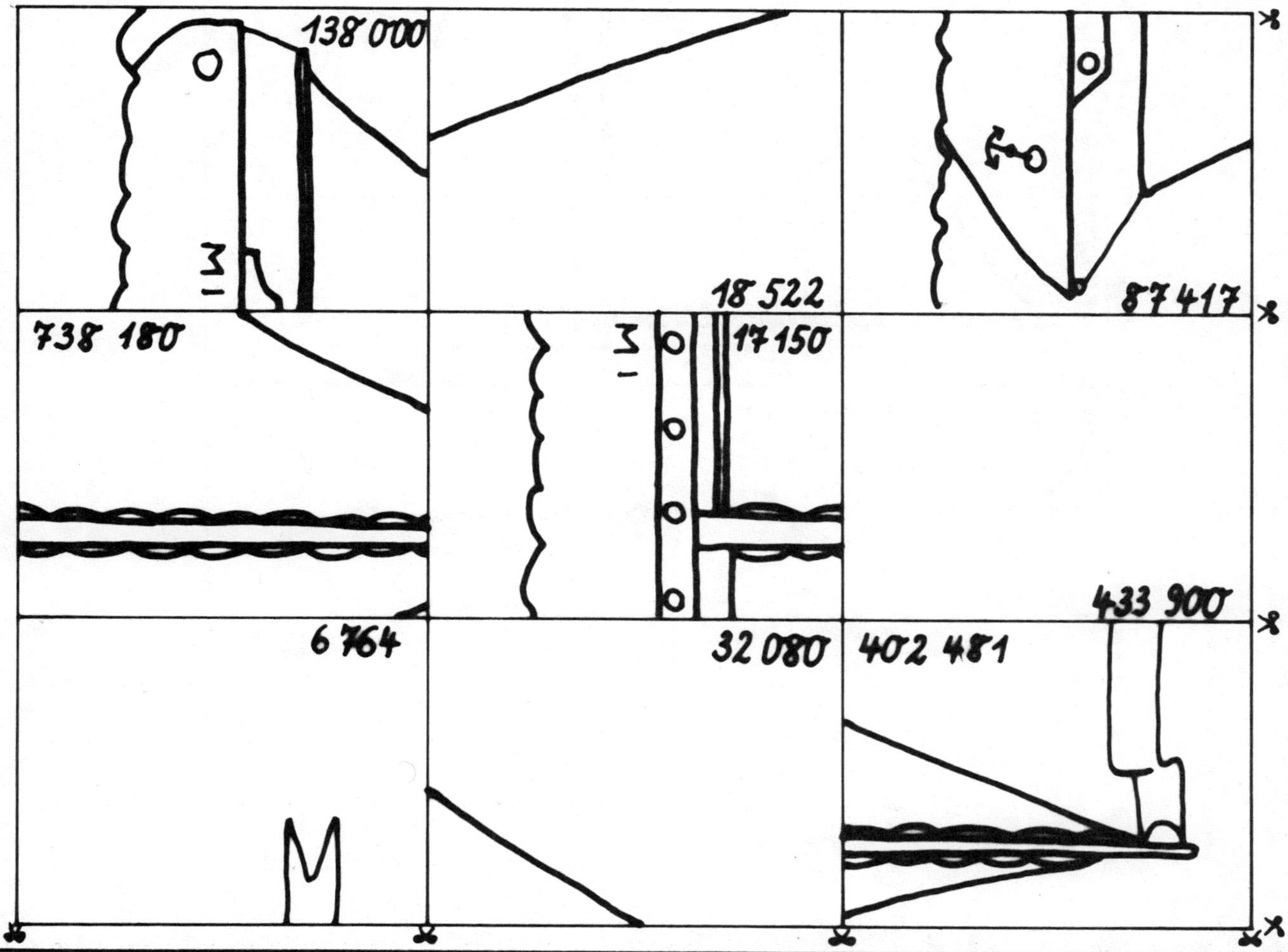

Lösung

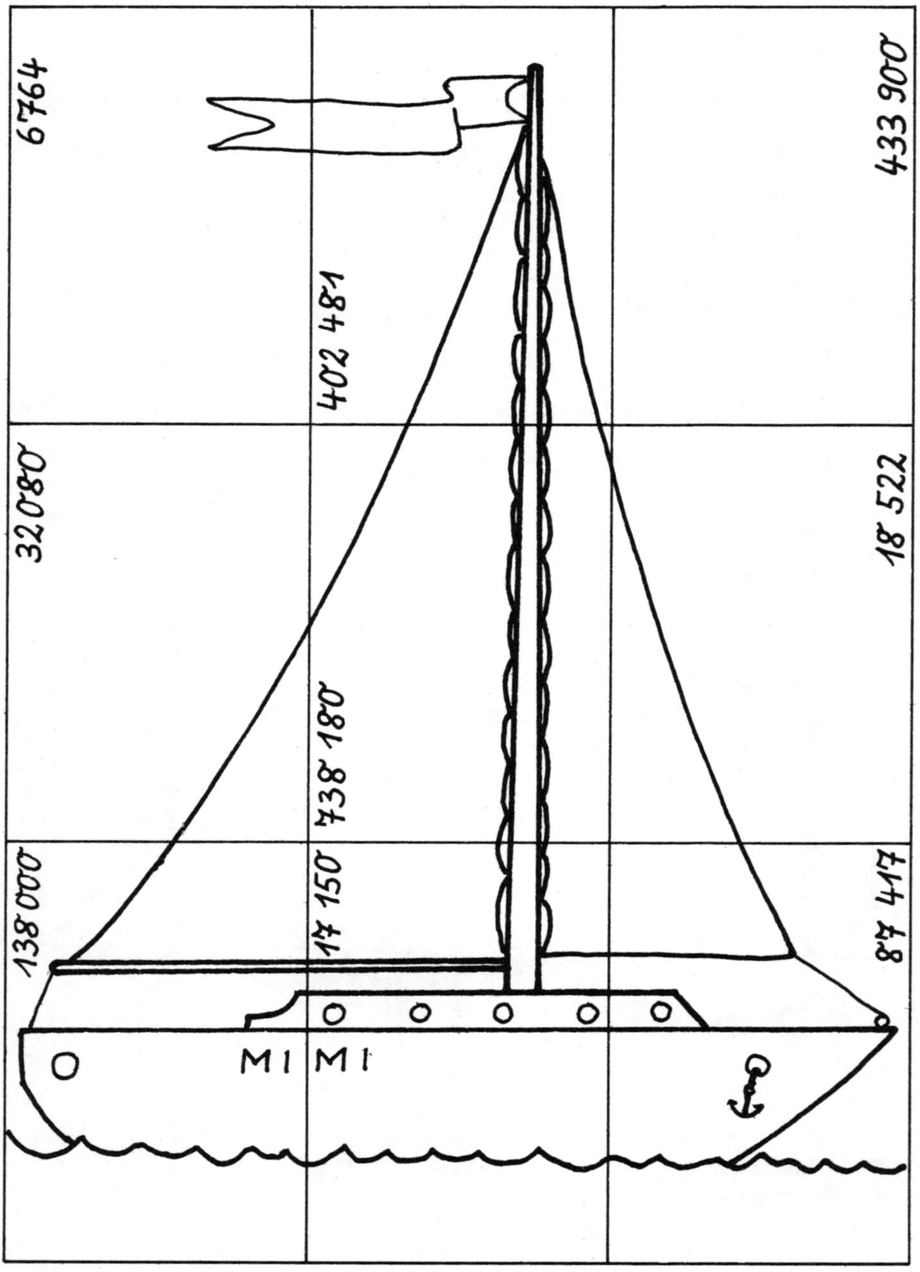
6764
402 481
433 900
32 080
738 180
18 522
138 000
17 150
87 417
MI MI

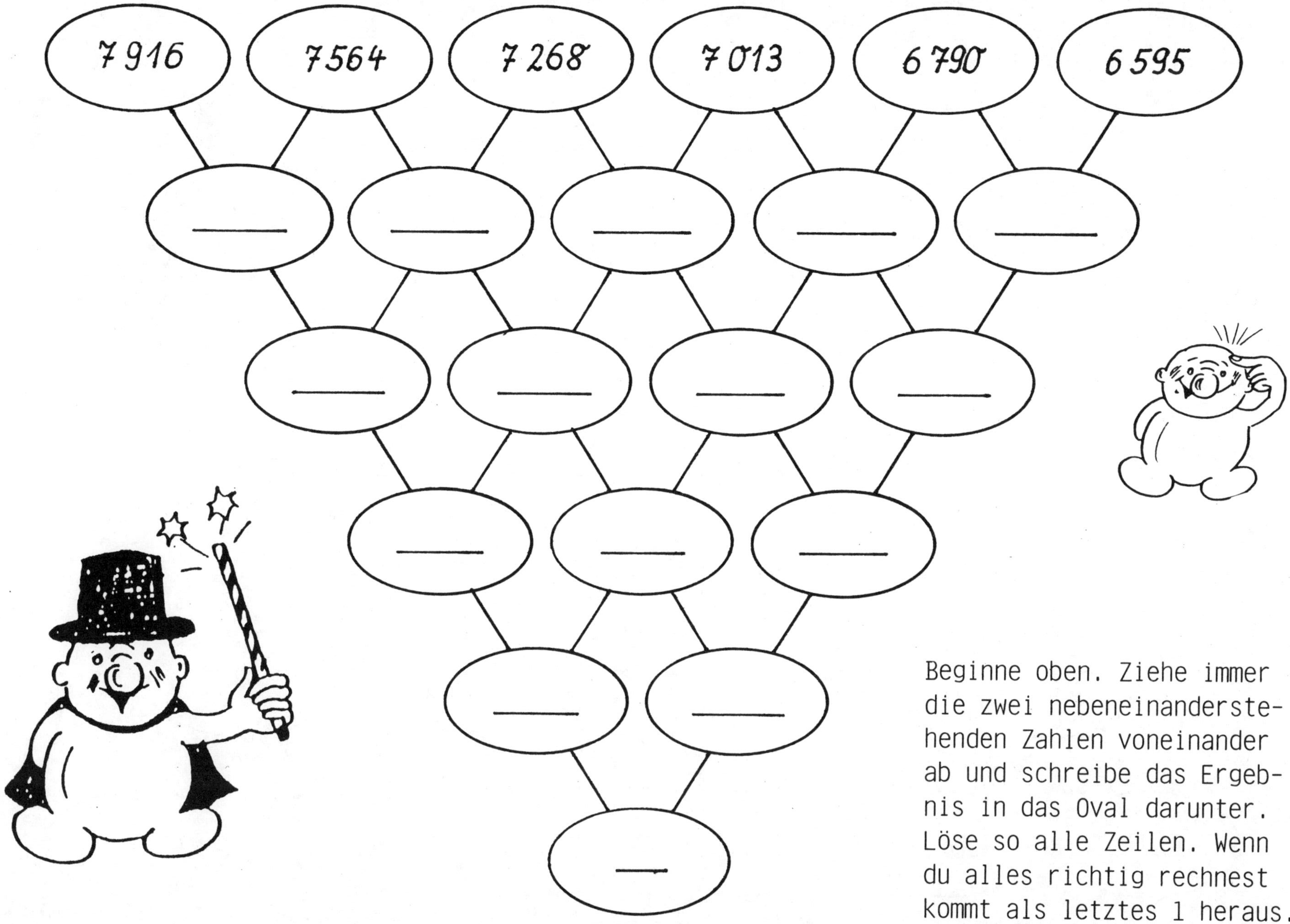

Beginne oben. Ziehe immer die zwei nebeneinanderstehenden Zahlen voneinander ab und schreibe das Ergebnis in das Oval darunter. Löse so alle Zeilen. Wenn du alles richtig rechnest kommt als letztes 1 heraus.

Lösung

7 916 — 7 564 — 7 268 — 7 013 — 6 790 — 6 595

352 — 296 — 255 — 223 — 195

56 — 41 — 32 — 28

15 — 9 — 4

6 — 5

1

Beginne oben. Ziehe immer die zwei nebeneinanderstehenden Zahlen voneinander ab und schreibe das Ergebnis in das Oval darunter. Löse so alle Zeilen. Wenn du alles richtig rechnest kommt als letztes 1 heraus.

Puzzle

24 958 −12 216	78 199 −18 053	485 672 −360 250	853 907 −322 701
42 198 − 9 039	80 000 −54 321	49 251 −16 927	100 000 − 12 502
111 000 − 98 771	987 005 − 2 009	156 291 − 60 300	900 000 −501 010
22 222 −12 345	500 000 − 91 200	521 217 −417 652	719 406 −219 529

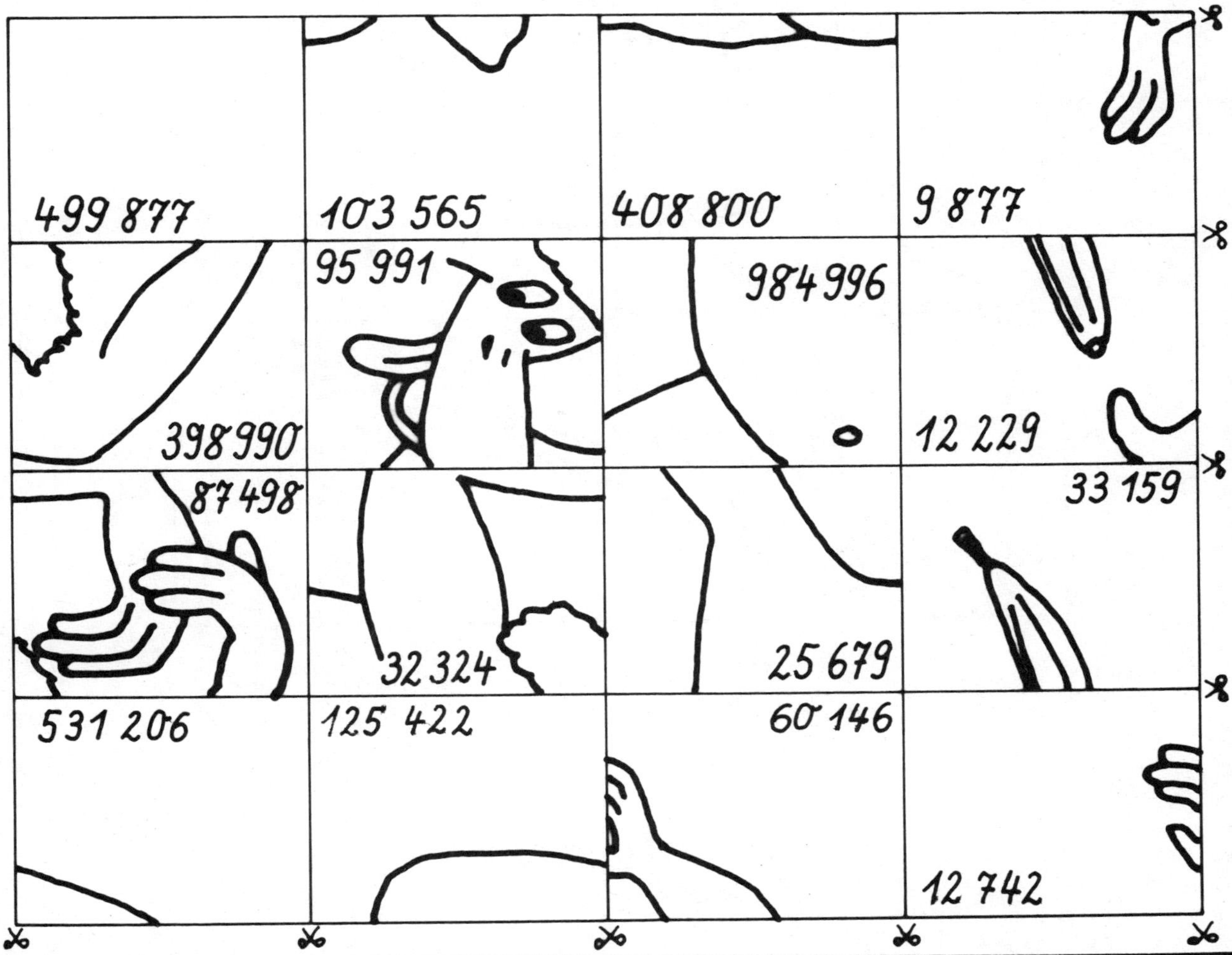

Lösung

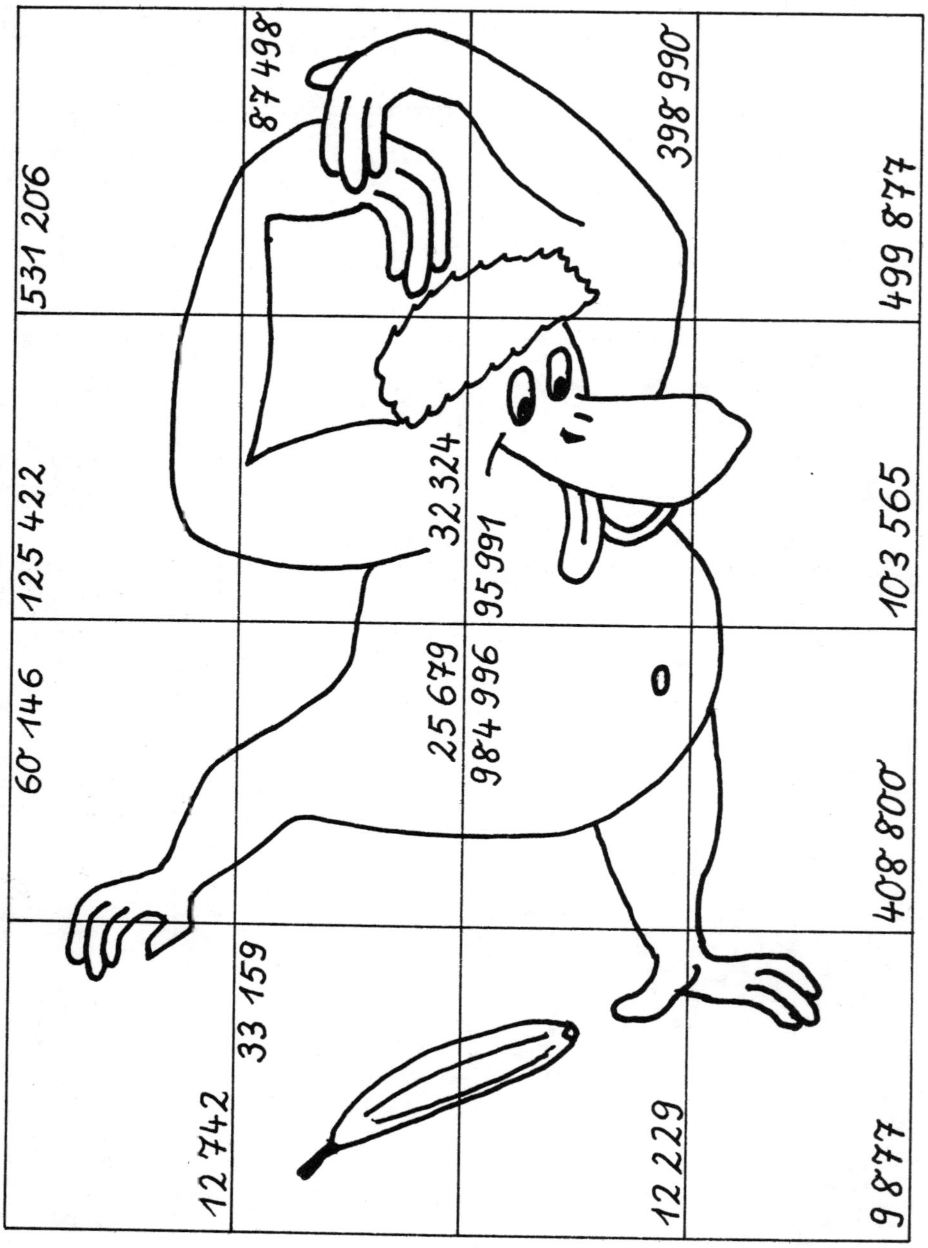

531 206
87 498
398 990
499 877
125 422
32 324
95 991
103 565
60 146
25 679
984 996
408 800
12 742
33 159
12 229
9 877

Rechne die Aufgaben! Sortiere die Ergebnisse nach ihrer Größe, beginne mit dem kleinsten Ergebnis. Schreibe die Kontrollbuchstaben nebeneinander. Du erhältst ein Lösungswort!

192 476 - 99 569 ______ (E)	1 000 000 - 829 405 ______ (Ö)	258 766 -204 949 ______ (C)
62 531 - 9 678 ______ (E)	398 517 -209 620 ______ (N)	872 083 -756 189 ______ (K)
500 500 -298 380 ______ (I)	987 000 -890 503 ______ (N)	782 386 -579 491 ______ (G)
98 214 - 9 725 ______ (H)	915 316 -904 197 ______ (R)	

Lösung: ____________________

Lösung

Rechne die Aufgaben! Sortiere die Ergebnisse nach ihrer Größe, beginne mit dem kleinsten Ergebnis. Schreibe die Kontrollbuchstaben nebeneinander. Du erhältst ein Lösungswort!

192 476 − 99 569 = 92 907 (E)	1 000 000 − 829 405 = 170 595 (Ö)	258 766 − 204 949 = 53 817 (C)
62 531 − 9 678 = 52 853 (E)	398 517 − 209 620 = 188 897 (N)	872 083 − 756 189 = 115 894 (K)
500 500 − 298 380 = 202 120 (I)	987 000 − 890 503 = 96 497 (N)	782 386 − 579 491 = 202 895 (G)
98 214 − 9 725 = 88 489 (H)	915 316 − 904 197 = 11 119 (R)	

Lösung: RECHENKÖNIG

Rechne die Aufgaben in den Fenstern. Verschönere das Gebäude, indem du die richtigen Fenster von unten darüberklebst!

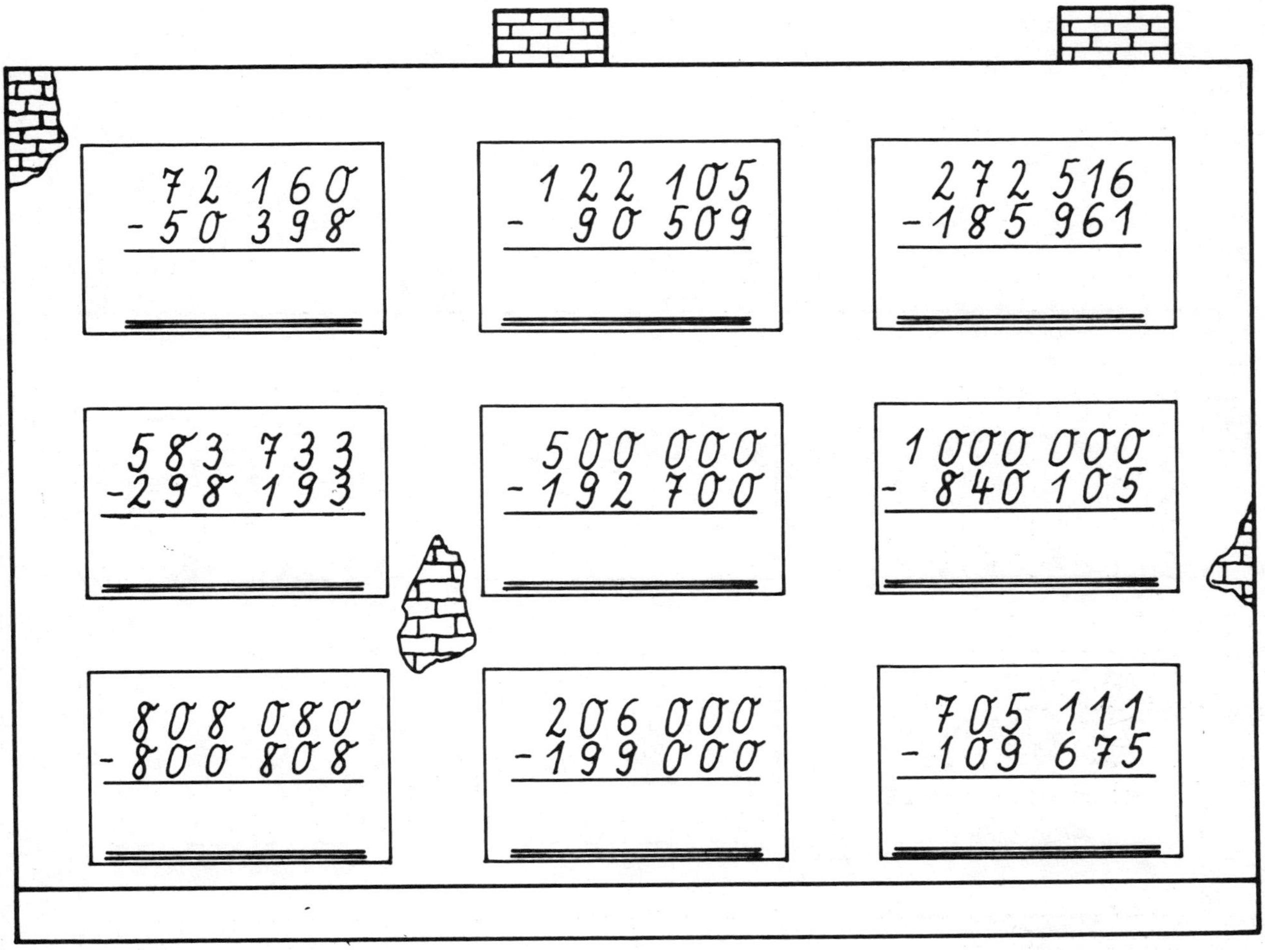

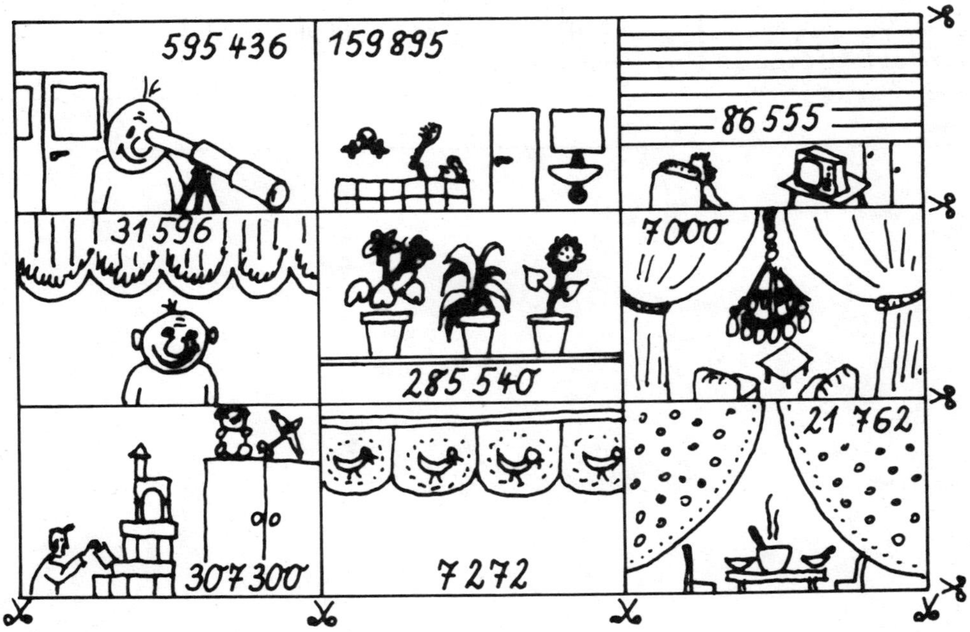

Lösung

Kreuzzahlenrätsel

Trage die Ergebnisse in die entsprechenden Kästchen ein (wie beim Kreuzworträtsel)!

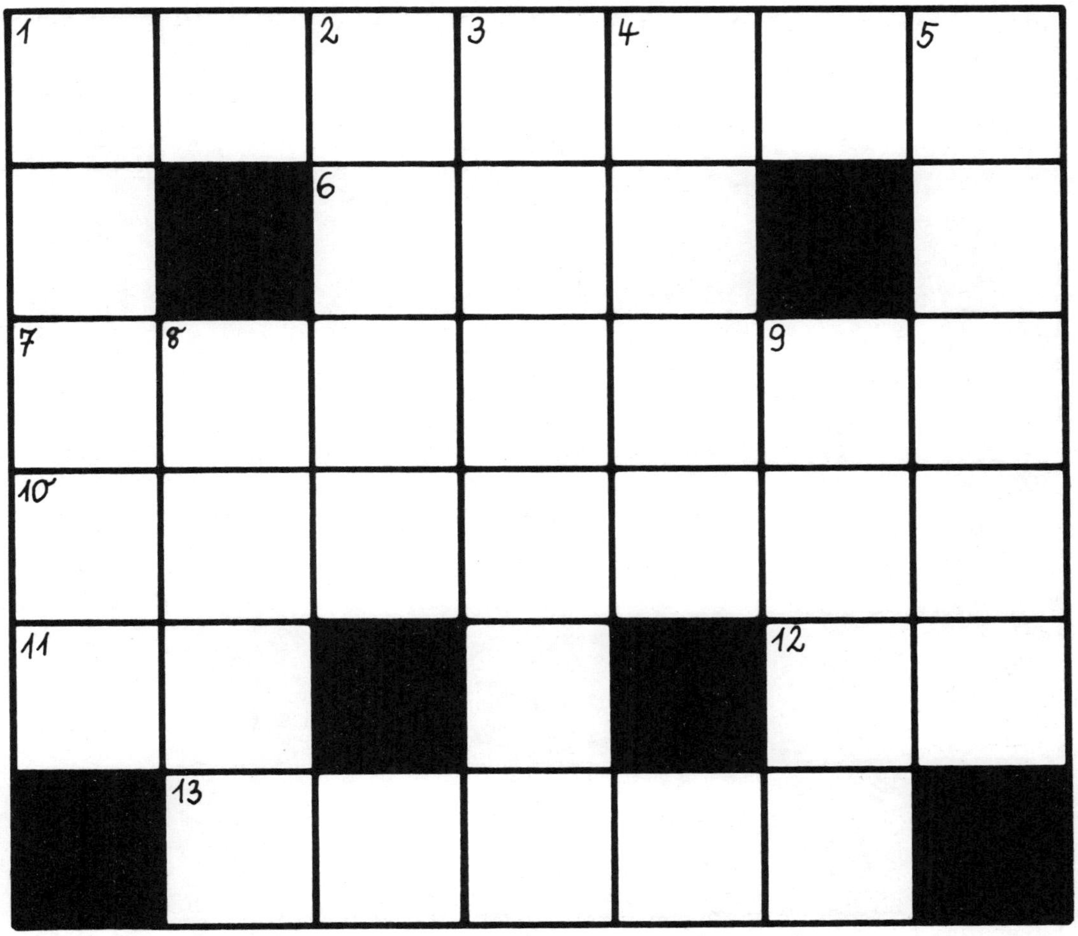

Waagrecht:

1) 549 673 + 662 642
6) 13 015 − 12 719
7) 479 311 + 820 720
10) 666 555 + 583 495
11) 67 015 − 66 923
12) 1 971 − 1 888
13) 123 015 − 62 775

Senkrecht:

1) 30 000 − 10 881
2) 11 019 − 9 814
3) 112 816 + 177 256
4) 10 000 − 6 400
5) 156 156 − 97 053
8) 1 613 + 1 613
9) 5 555 − 1 975

Lösung

Trage die Ergebnisse in die entsprechenden Kästchen ein (wie beim Kreuzworträtsel)!

[1] 1	2	[2] 1	[3] 2	[4] 3	1	[5] 5
9		[6] 2	9	6		9
[7] 1	[8] 3	0	0	0	[9] 3	1
[10] 1	2	5	0	0	5	0
[11] 9	2		7		[12] 8	3
	[13] 6	0	2	4	0	

Waagrecht:

1) 549 673 + 662 642
6) 13 015 − 12 719
7) 479 311 + 820 720
10) 666 555 + 583 495
11) 67 015 − 66 923
12) 1 971 − 1 888
13) 123 015 − 62 775

Senkrecht:

1) 30 000 − 10 881
2) 11 019 − 9 814
3) 112 816 + 177 256
4) 10 000 − 6 400
5) 156 156 − 97 053
8) 1 613 + 1 613
9) 5 555 − 1 975

Puzzle

Meine Zahl ist um 125 555 kleiner als 1 Million.	Eine Ziegelei hatte 350 000 Ziegelsteine auf Lager. Im Laufe der Woche wurden 127 600 Ziegelsteine verkauft.	Bei einer Lotterie wurden von 54 000 Losen 39 876 verkauft.
Eine Stadt hat 456 120 Einwohner. Vor 100 Jahren waren es 178 500 weniger.	Eine Auftofabrik baute letztes Jahr 398 491 Autos. Davon wurden 381 578 verkauft.	Frau Schlau kaufte vor 10 Jahren ein Haus für 298 000 DM. Jetzt verkauft sie es wieder für 425 500 DM.
Ein Lottospieler gewinnt 988 000 DM. Er kauft sich ein Haus für 485 600 DM. Den Rest legt er auf sein Sparbuch.	Ein Weltumsegler muß 45 290 km segeln. Er hat bereits eine Strecke von 28 915 km zurückgelegt.	Wenn du von 1 Million zuerst 123 456 abziehst und vom Ergebnis nochmal 654 322, erhältst du eine lustige Zahl!
Ein Urlaubsort hat 9 545 Betten zum Vermieten. Heute sind 8 293 Betten vermietet.	Frau Hingerl hat 38 175 DM auf ihrem Sparkonto. Für ein neues Auto hebt sie 23 980 DM ab.	Für einen Volkslauf hatten 46 781 Teilnehmer gemeldet. Am Start erschienen aber nur 45 987 Läufer.

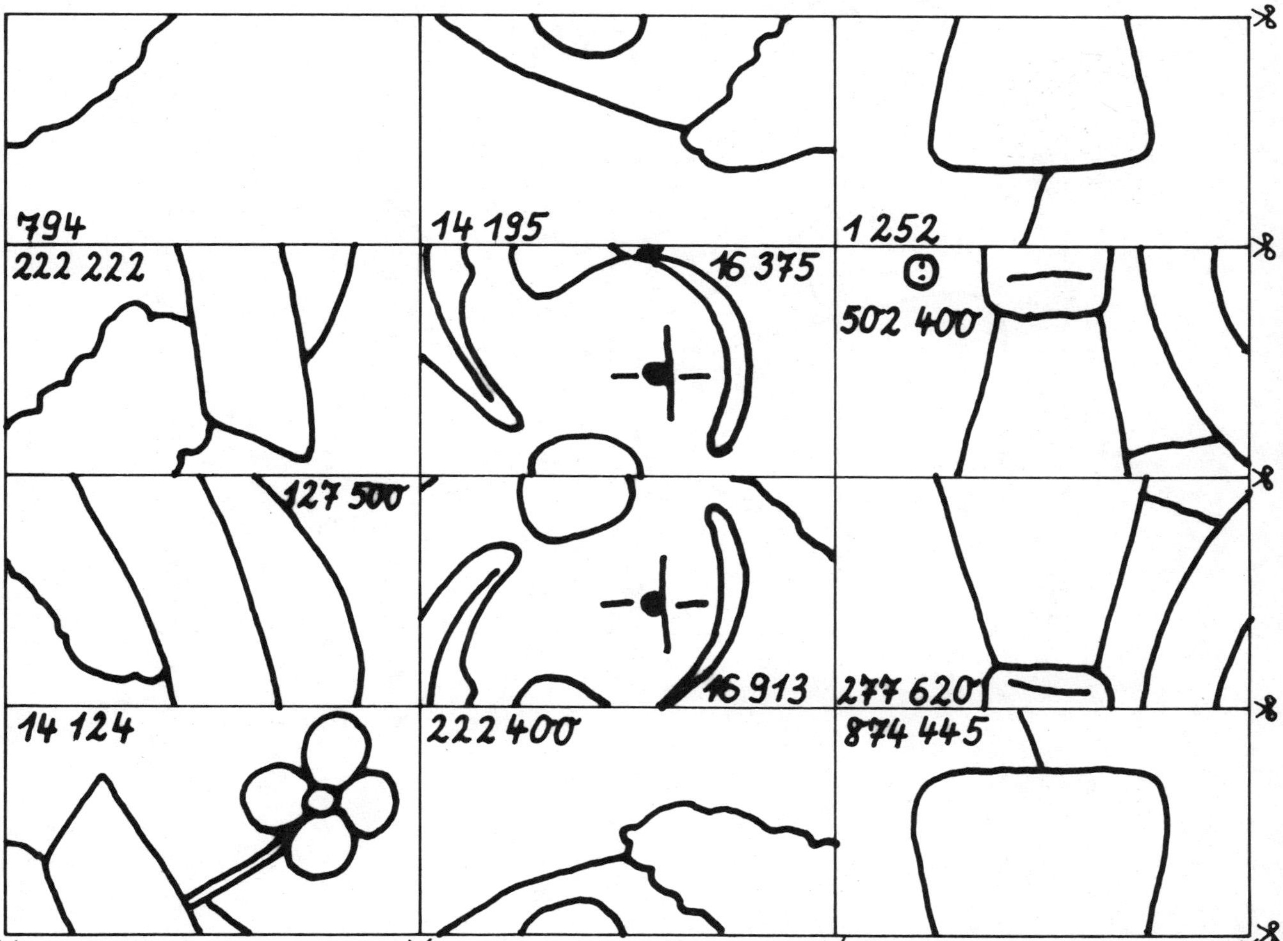

Lösung

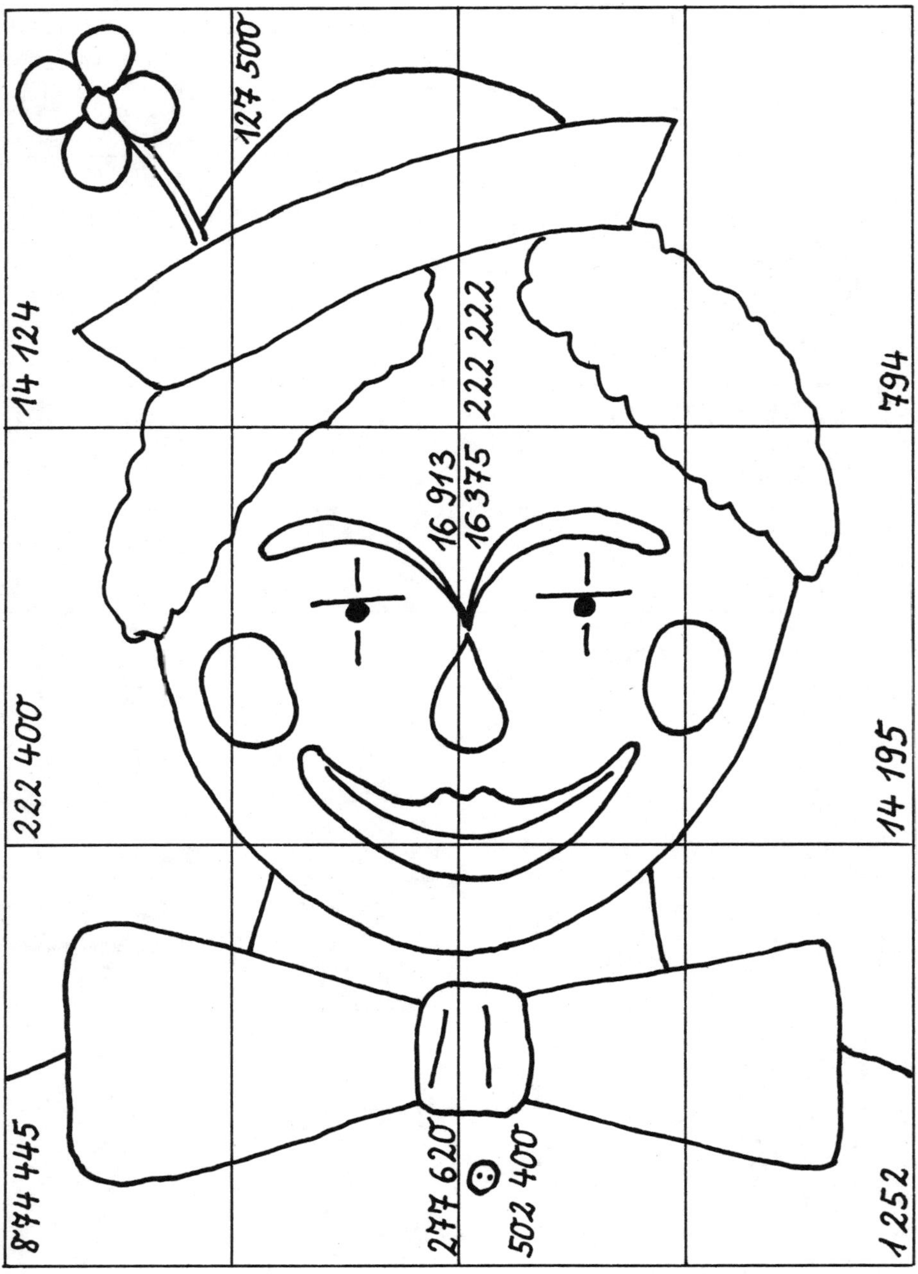
127 500
14 124
222 222
794
16 913
16 375
222 400
14 195
874 445
277 620
502 400
1 252

Streifenpuzzle

Start	440	76	336	513	570	161	469

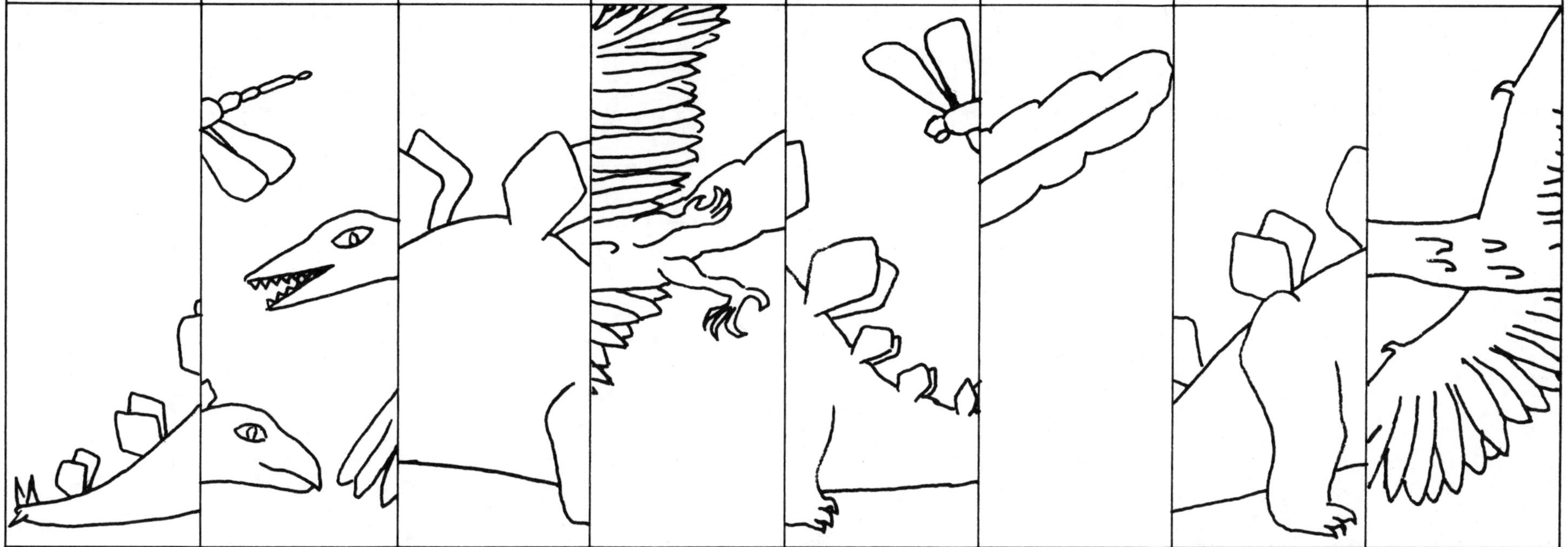

23 · 7 =	67 · 7 =	57 · 9 =	95 · 6 =	88 · 5 =	Z I E L	19 · 4 =	42 · 8 =
20 · 7 =		50 · 9 =				10 · 4 =	
3 · 7 =			5 · 6 =			9 · 4 =	
23 · 7 =	67 · 7 =					19 · 4 =	

Lösung

Start	161	76	513	440	469	336	570
23 · 7 = 20 · 7 = 140 3 · 7 = 21 23 · 7 = 161	19 · 4 = 10 · 4 = 40 9 · 4 = 36 19 · 4 = 76	57 · 9 = 50 · 9 = 450 7 · 9 = 63 57 · 9 = 513	88 · 5 = 80 · 5 = 400 8 · 5 = 40 88 · 5 = 440	67 · 7 = 60 · 7 = 420 7 · 7 = 49 67 · 7 = 469	42 · 8 = 40 · 8 = 320 2 · 8 = 16 42 · 8 = 336	95 · 6 = 90 · 6 = 540 5 · 6 = 30 95 · 6 = 570	ZIEL

Puzzle

6·87= 6·80= 6· 7= 6·87=	9·63= 9·60= 9· 3= 9·63=	4·93= 4·90= 4· 3= 4·93=	5·39= 5·30= 5· 9=
6·82= 6·80= 6· 2=	5·78= 5·70= 5·	3·63= 3·60=	7·44=
4·64=	9·26=	8·88=	3·98=

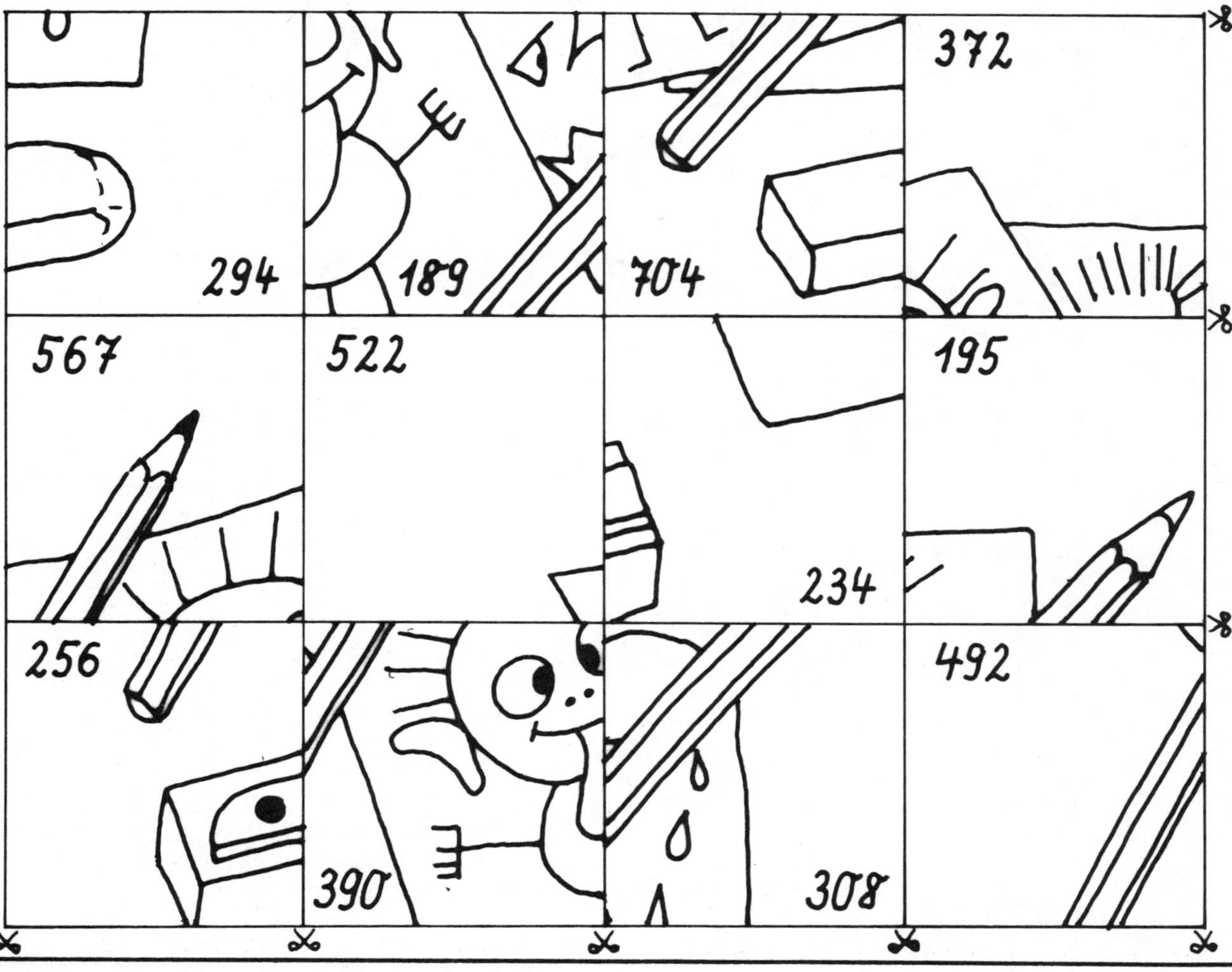

Lösung

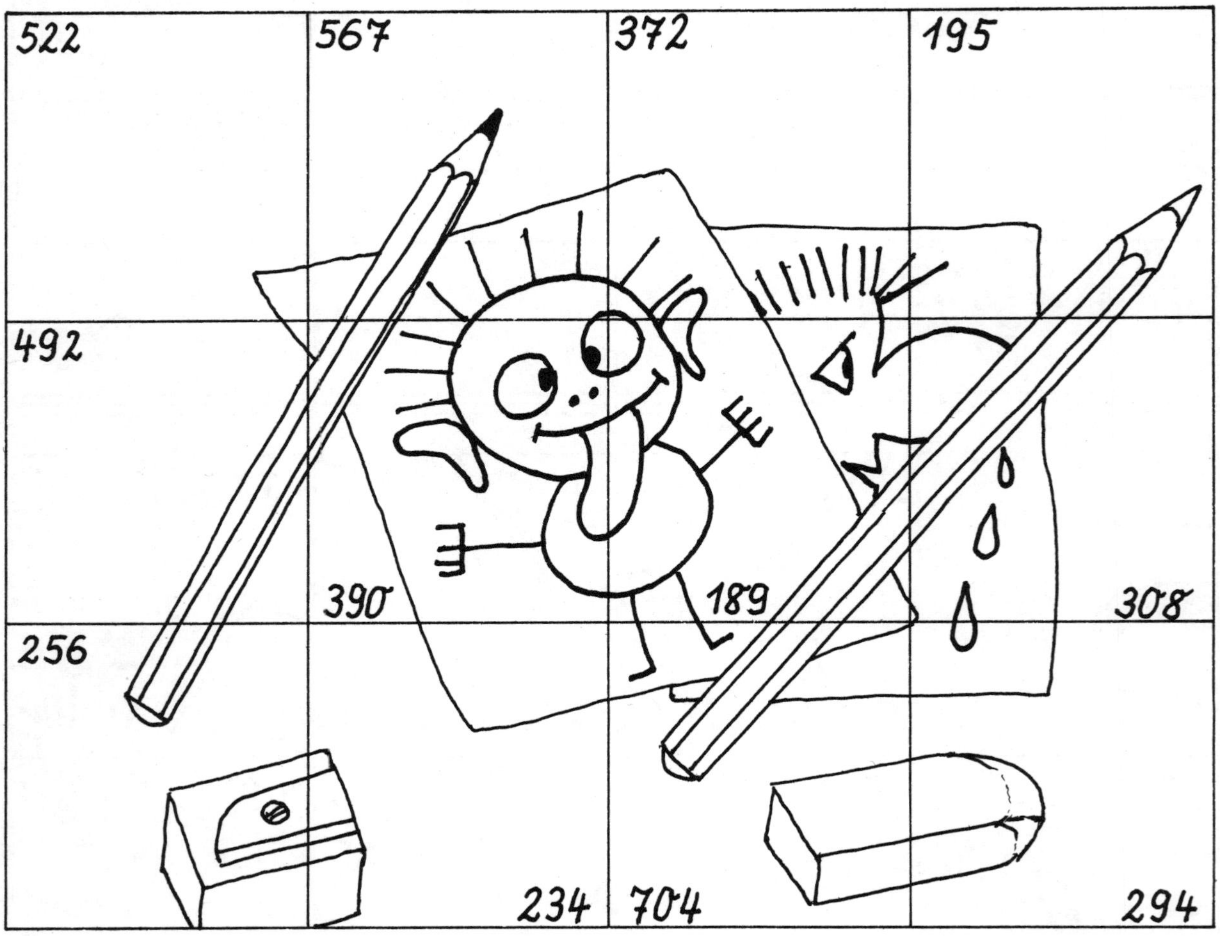

Male die Aufgaben und die Lösungen in gleichen Farben aus!

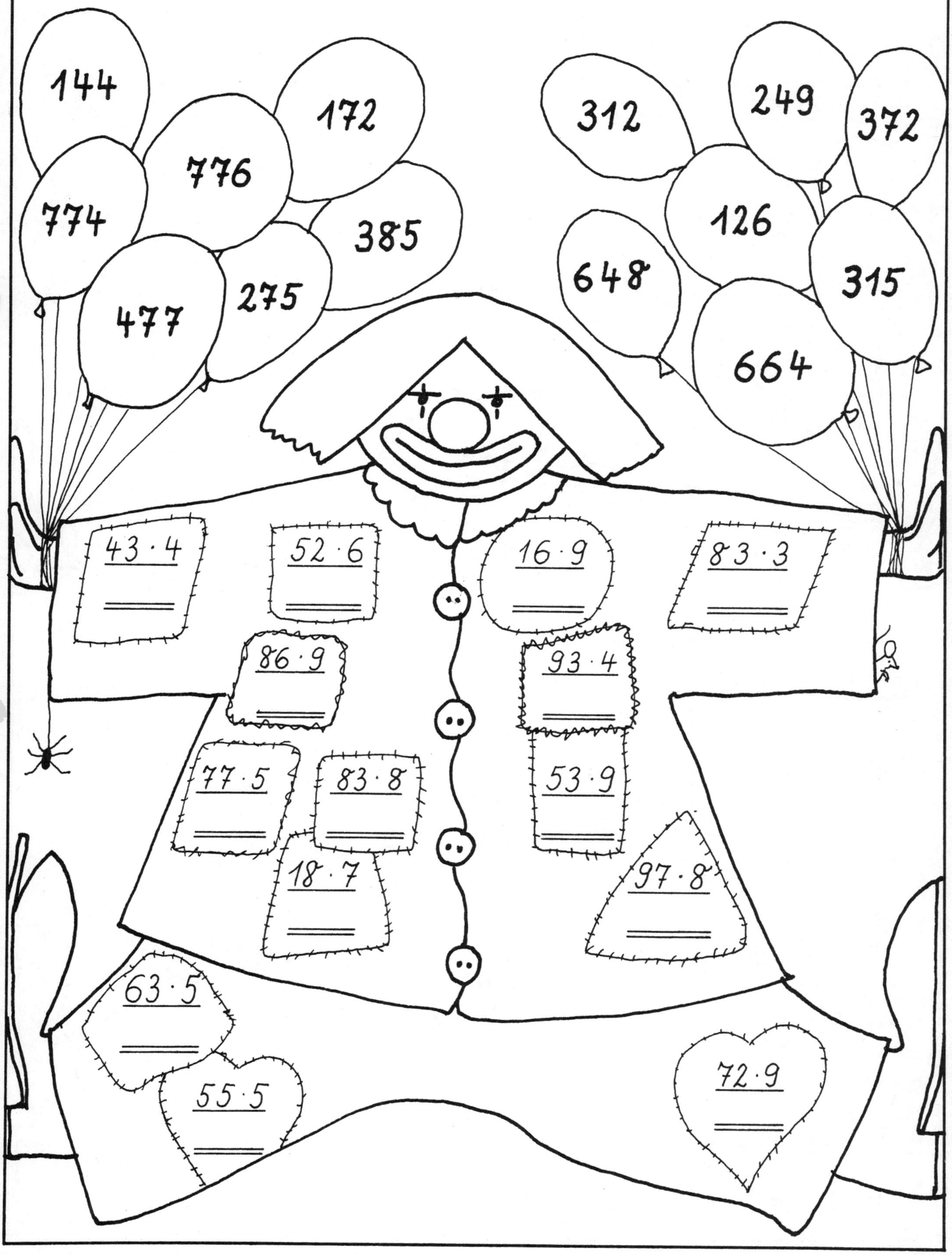

Lösung

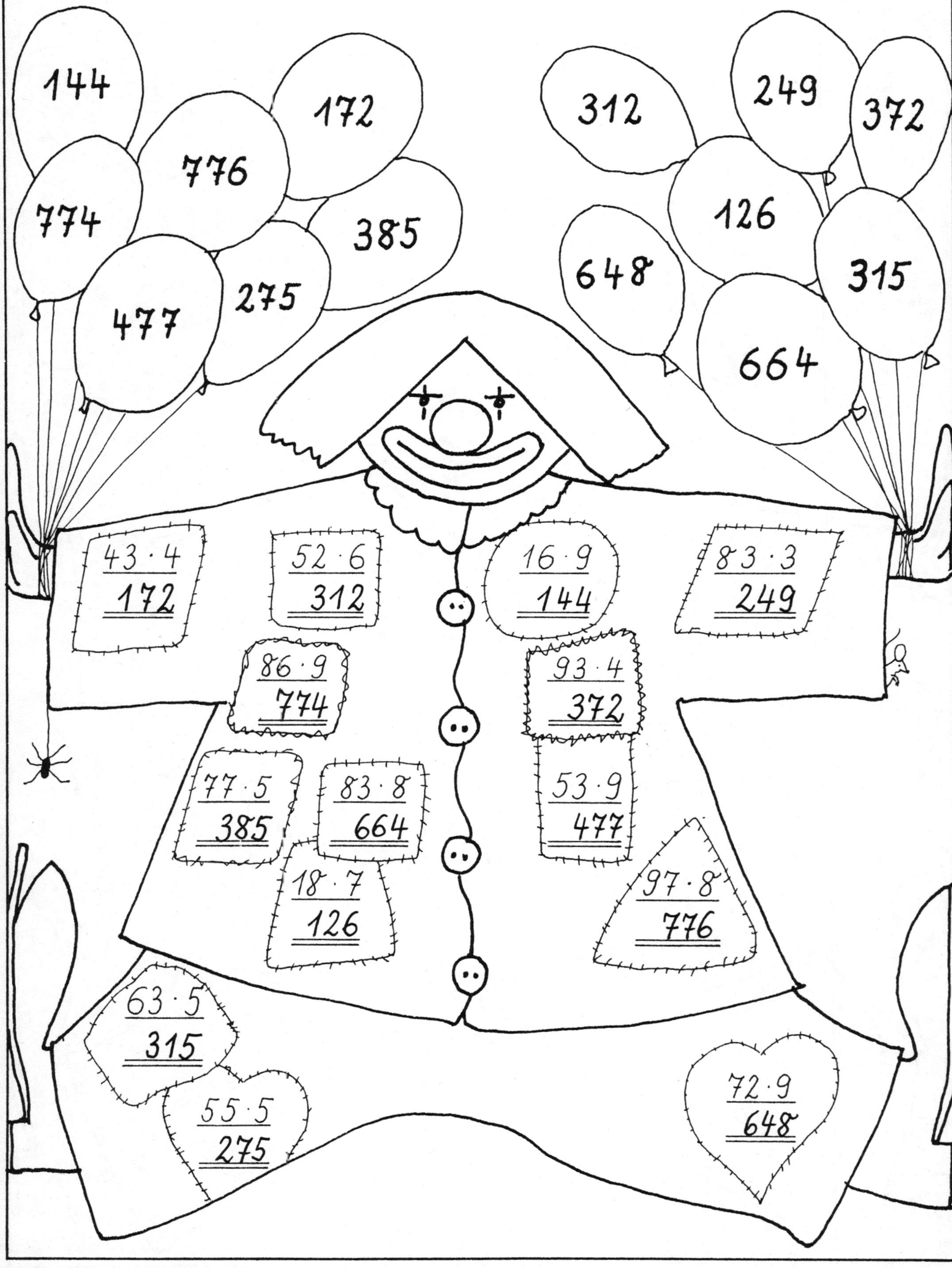
144
172
776
774
385
275
477
312
249
372
126
648
315
664
43 · 4
172
52 · 6
312
16 · 9
144
83 · 3
249
86 · 9
774
93 · 4
372
77 · 5
385
83 · 8
664
53 · 9
477
18 · 7
126
97 · 8
776
63 · 5
315
55 · 5
275
72 · 9
648

Der Knulp hat Ziffern gestohlen!

79 · 5 =
_0 · 5 = 350
9 · 5 = 4_
79 · 5 = 39_

_3 · 7 =
50 · _ = 350
3 · 7 = 21
53 · 7 = 3_1

24 · _ =
20 · _ = 160
4 · _ = 32
24 · _ = 192

13 · 7 =
1_ · 7 = 7_
_ · 7 = 2_
13 · 7 = 9_

__ · 6 =
_0 · 6 = 120
_ · 6 = 54
__ · 6 = 174

23 · 9
2_7

45 · 8
36_

_7 · 4
108

93 · 8 =
90 · 8 = 7_0
3 · 8 = _4
93 · 8 = 7_4

68 · 4
_72

25 · 8
2_0

42 · 6
2_2

85 · 6 =
_0 · 6 = __0
5 · 6 = 30
85 · 6 = __0

59 · _ =
50 · 4 = 200
9 · 4 = 36
59 · 4 = ___

47 · 7 =
40 · 7 = 2_0
7 · 7 = 49
47 · 7 = ___

Lösung

79 · 5 =
70 · 5 = 350
9 · 5 = 45
79 · 5 = 395

53 · 7 =
50 · 7 = 350
3 · 7 = 21
53 · 7 = 371

24 · 8 =
20 · 8 = 160
4 · 8 = 32
24 · 8 = 192

13 · 7 =
10 · 7 = 70
3 · 7 = 21
13 · 7 = 91

29 · 6 =
20 · 6 = 120
9 · 6 = 54
29 · 6 = 174

23 · 9
207

45 · 8
360

27 · 4
108

93 · 8 =
90 · 8 = 720
3 · 8 = 24
93 · 8 = 744

68 · 4
272

25 · 8
200

42 · 6
252

85 · 6 =
80 · 6 = 480
5 · 6 = 30
85 · 6 = 510

59 · 4 =
50 · 4 = 200
9 · 4 = 36
59 · 4 = 236

47 · 7 =
40 · 7 = 280
7 · 7 = 49
47 · 7 = 329

K r e i s p u z z l e

Schneide die einzelnen Tortenstücke (= Segmente) aus.
Nimm ein Teil. Auf ihm steht eine Rechnung. Rechne diese Aufgabe auf deinem Block. Auf einem anderen Puzzleteil findest du das Ergebnis der Rechnung. Lege es neben das erste Teil.
Nun findest du auf dem zweiten Segment eine Aufgabe. Rechne sie.
Weißt du nun, wie es geht?

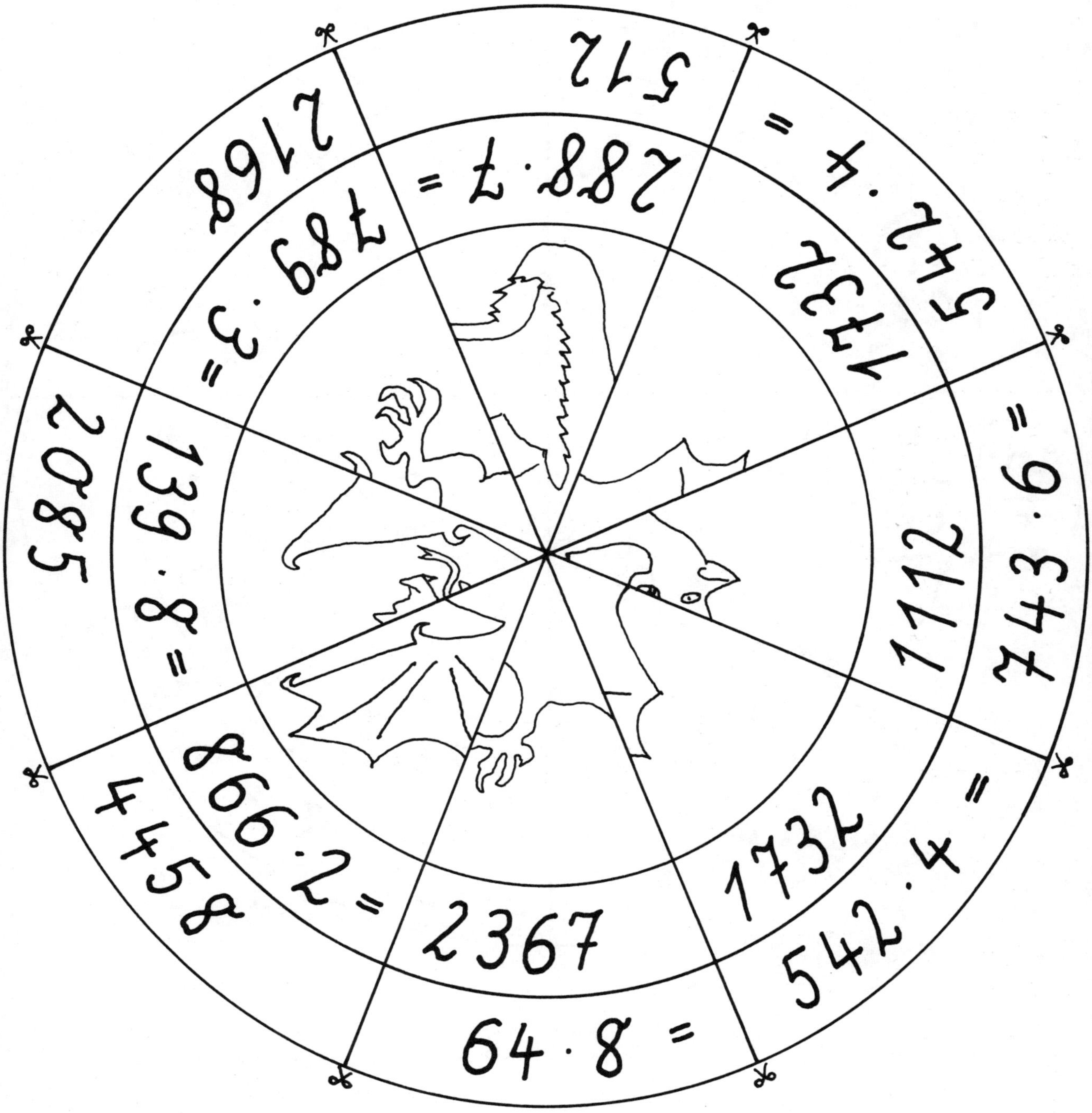

Lösung

743 · 6 =
1112
139 · 8 =
2085
417 · 5 =
2016
288 · 7 =
512
64 · 8 =
2367
789 · 3 =
2168
542 · 4 =
1732
866 · 2 =
4458

Puzzle

87 · 65 5220 435	52 · 23 1040	69 · 35 0 345	75 · 27 0
35 · 35	93 · 44	78 · 96	41 · 25
92 · 14	16 · 58	56 · 49	99 · 99

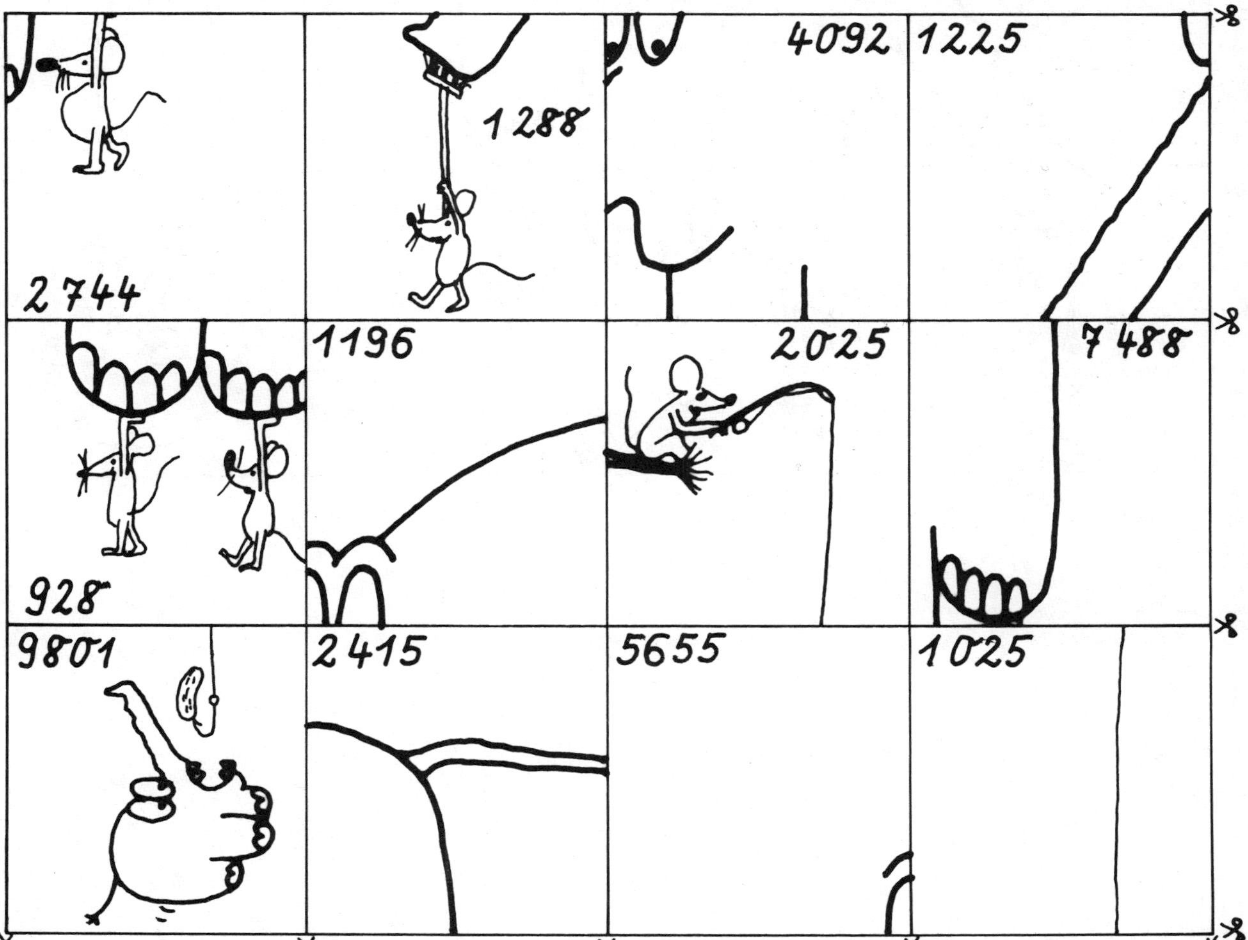

Lösung

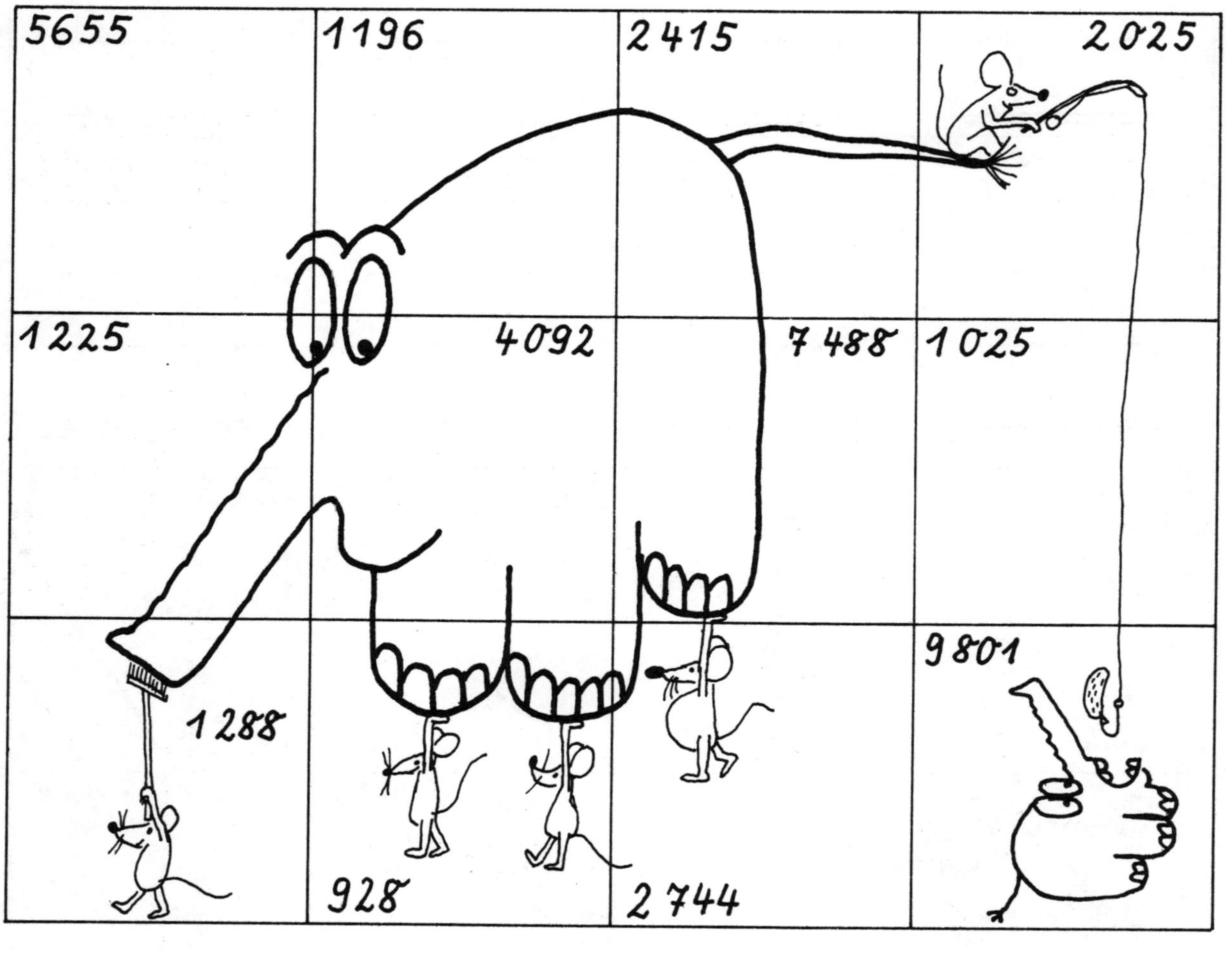

Male den Clown in den gegebenen Farben aus!

Rechne auf deinem Block!

385 · 21 = ________ rot
139 · 12 = ________ gelb
583 · 0 = ________ rot
237 · 41 = ________ orange
119 · 13 = ________ grün
409 · 23 = ________ blau
104 · 11 = ________ gelb
376 · 48 = ________ grau
142 · 22 = ________ braun
519 · 59 = ________ hellblau
473 · 16 = ________ grün
903 · 24 = ________ schwarz
772 · 38 = ________ orange
225 · 25 = ________ rot
978 · 95 = ________ schwarz
852 · 93 = ________ rot
555 · 55 = ________ gelb
999 · 99 = ________ gelb

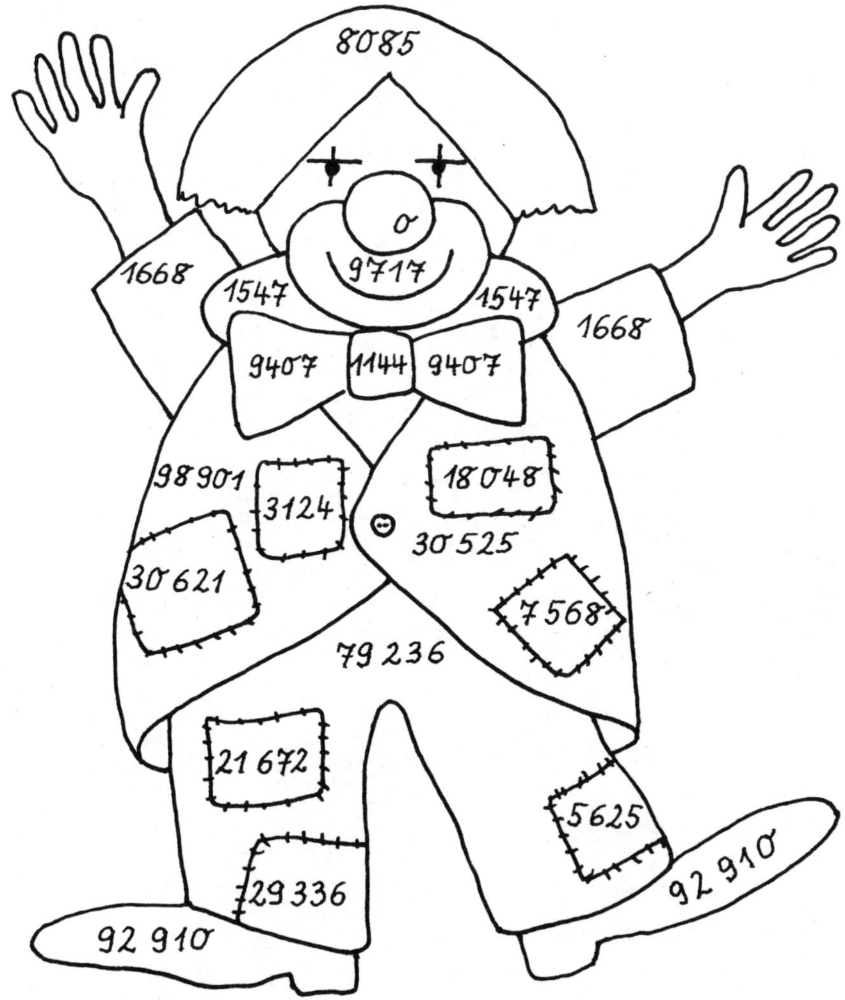

Lösung

385 · 21 = 8 085 rot
139 · 12 = 1 668 gelb
583 · 0 = 0 rot
237 · 41 = 9 717 orange
119 · 13 = 1 547 grün
409 · 23 = 9 407 blau
104 · 11 = 1 144 gelb
376 · 48 = 18 048 grau
142 · 22 = 3 124 braun
519 · 59 = 30 621 hellblau
473 · 16 = 7 568 grün
903 · 24 = 21 672 schwarz
772 · 38 = 29 336 orange
225 · 25 = 5 625 rot
978 · 95 = 92 910 schwarz
852 · 93 = 79 236 rot
555 · 55 = 30 525 gelb
999 · 99 = 98 901 gelb

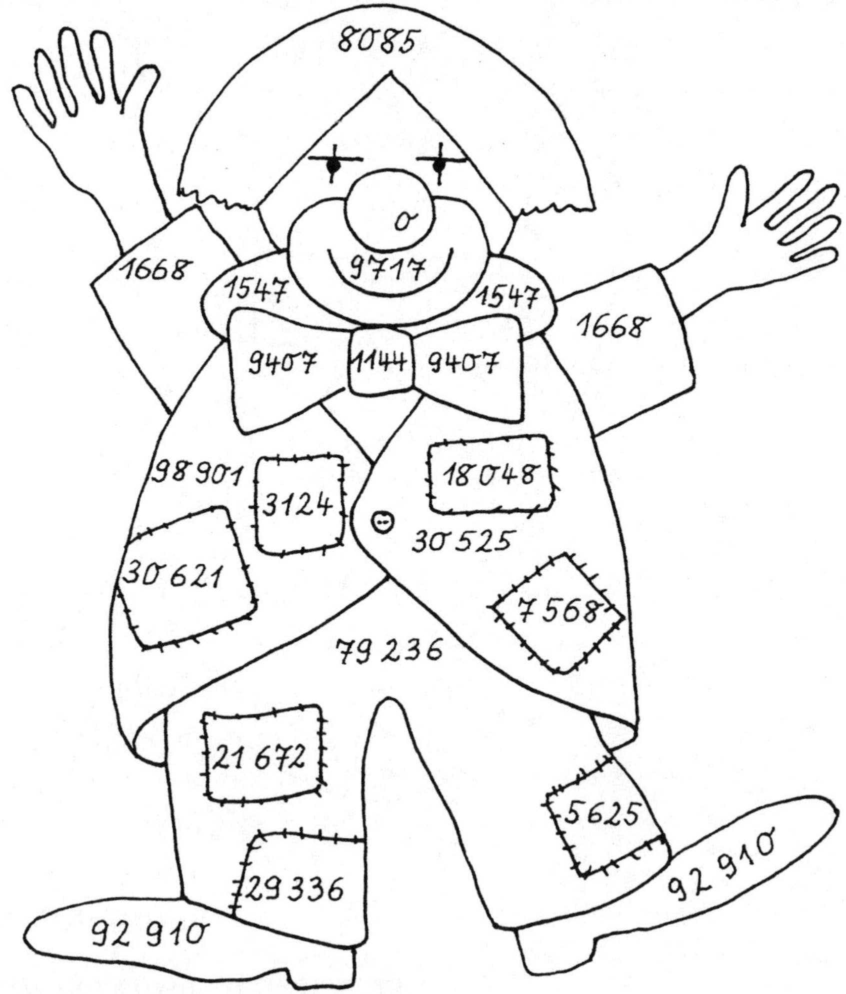

Puzzle

Herr Heizer verdient im Monat 2 890 DM. An Weihnachten bekommt er zusätzlich 2 460 DM. Wieviel verdient Herr Heizer im Jahr?	Auf einer Palette stehen 96 Kartons. In jedem Karton sind 12 Bücher.	Susanne kauft sich 17 Wundertüten mit Briefmarken. In jeder Tüte sind 35 Marken. Vorher hatte sie schon 250 Briefmarken. Wie viele Marken hat sie jetzt?
Auf der Landstraße von Plechen nach Oberanger fahren pro Tag durchschnittlich 854 Autos. Wie viele Autos fuhren im Monat August über diese Landstraße?	Die Großbäckerei Striezel verarbeitet jeden Tag 285 Eier. Letzten Monat wurde 24 Tage gearbeitet. Ein Ei kostet 15 Pf. Was kostet der Monatsbedarf an Eiern?	Peter sitzt durchschnittlich 5 Stunden pro Tag in der Schule. Schule ist 5 Tage pro Woche. Wie viele Stunden sind das in 42 Wochen (= 1 Schuljahr)?
Familie Schneider bezahlt für ihre Wohnung im Monat 659 DM Miete. Wie hoch ist die Jahresmiete?	Elektro Fröschl hat im letzten Jahr 96 Computer zu je 799 DM verkauft.	Die 26 Kinder der 4b fahren ins Schullandheim. Das Schullandheim rechnet pro Tag und Schüler mit 19 DM. Die Kinder bleiben 7 Tage. Gesamtkosten?

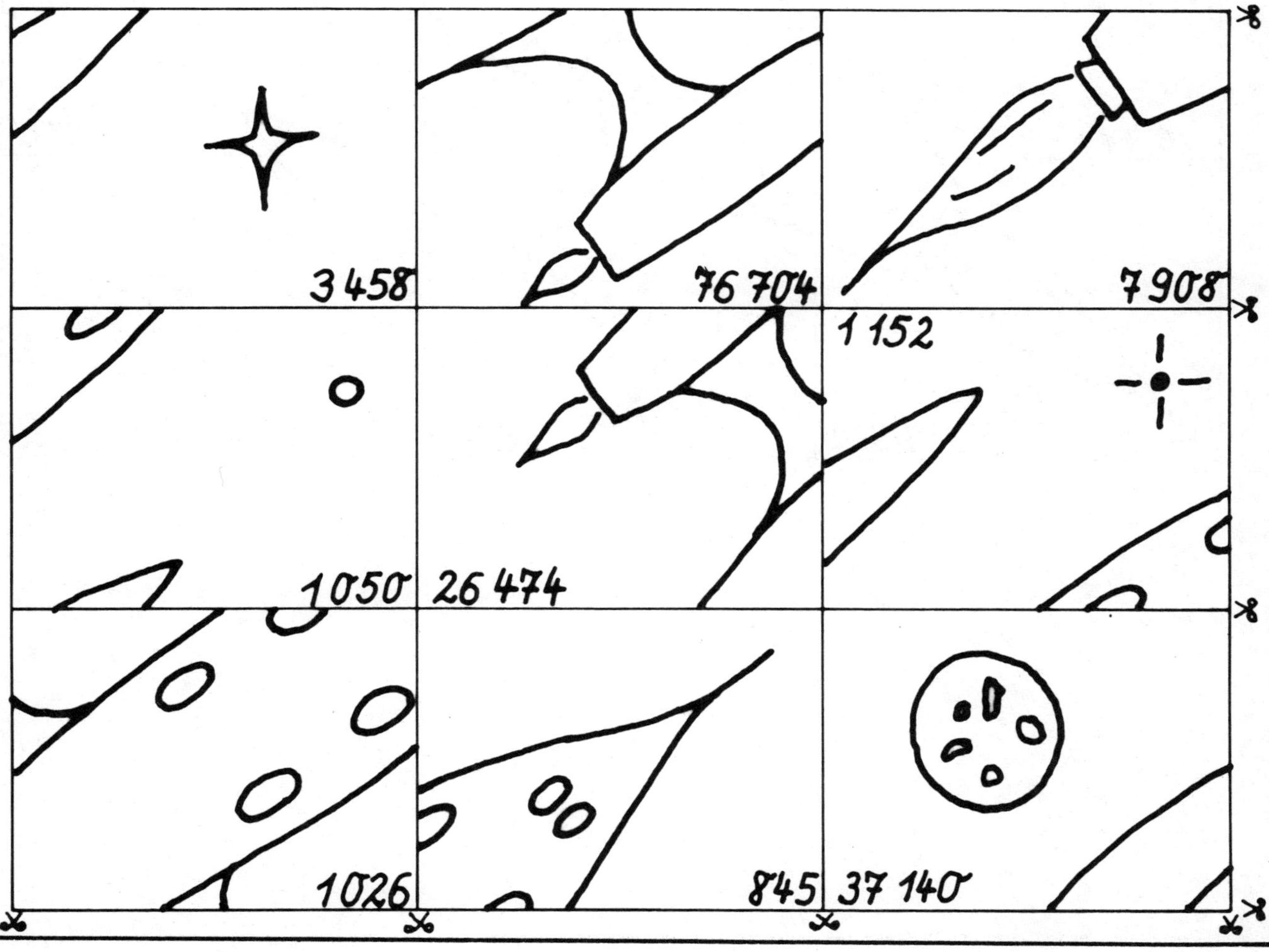

Lösung

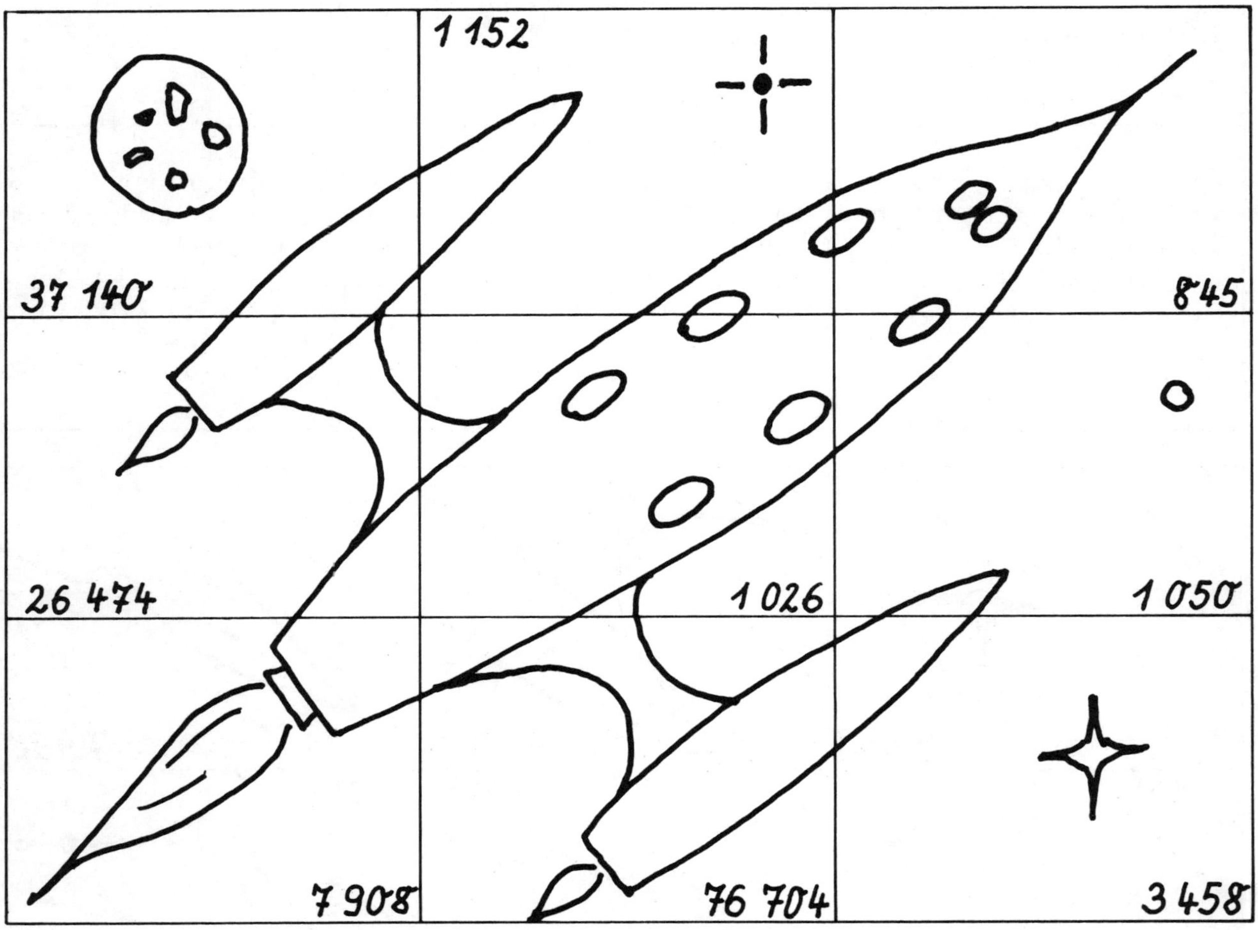

Wir üben das Teilen

225 : 3 =
210 : 3 = 70
15 : 3 = 5
225 : 3 = 75

752 : 8 =
720 : 8 =
32 : 8 =
752 : 8 =

156 : 2 =
140 : 2
16 : 2
156

335 : 5 =
300
35

637 : 7 =
630

405 : 9 =
45

594 : 6 =
54 : 6 =

144 : 4 =

111 : 3 =

416 : 8 =

275 : 5 =

336 : 7 =

Lösung

225 : 3 =
210 : 3 = 70
15 : 3 = 5
225 : 3 = 75

752 : 8 =
720 : 8 = 90
32 : 8 = 4
752 : 8 = 94

156 : 2 =
140 : 2 = 70
16 : 2 = 8
156 : 2 = 78

335 : 5 =
300 : 5 = 60
35 : 5 = 7
335 : 5 = 67

637 : 7 =
630 : 7 = 90
7 : 7 = 1
637 : 7 = 91

405 : 9 =
360 : 9 = 40
45 : 9 = 5
405 : 9 = 45

594 : 6 =
540 : 6 = 90
54 : 6 = 9
594 : 6 = 99

144 : 4 =
120 : 4 = 30
24 : 4 = 6
144 : 4 = 36

111 : 3 =
90 : 3 = 30
21 : 3 = 7
111 : 3 = 37

416 : 8 =
400 : 8 = 50
16 : 8 = 2
416 : 8 = 52

275 : 5 =
250 : 5 = 50
25 : 5 = 5
275 : 5 = 55

336 : 7 =
280 : 7 = 40
56 : 7 = 8
336 : 7 = 48

Puzzle

492 : 6 = 480 : 6 = 12 : 6 = 492 : 6 =	322 : 7 =	576 : 8 =	294 : 3 =
300 : 4 =	846 : 9 =	370 : 5 =	630 : 6 =
336 : 7 =	356 : 4 =	112 : 8 =	860 : 10 =

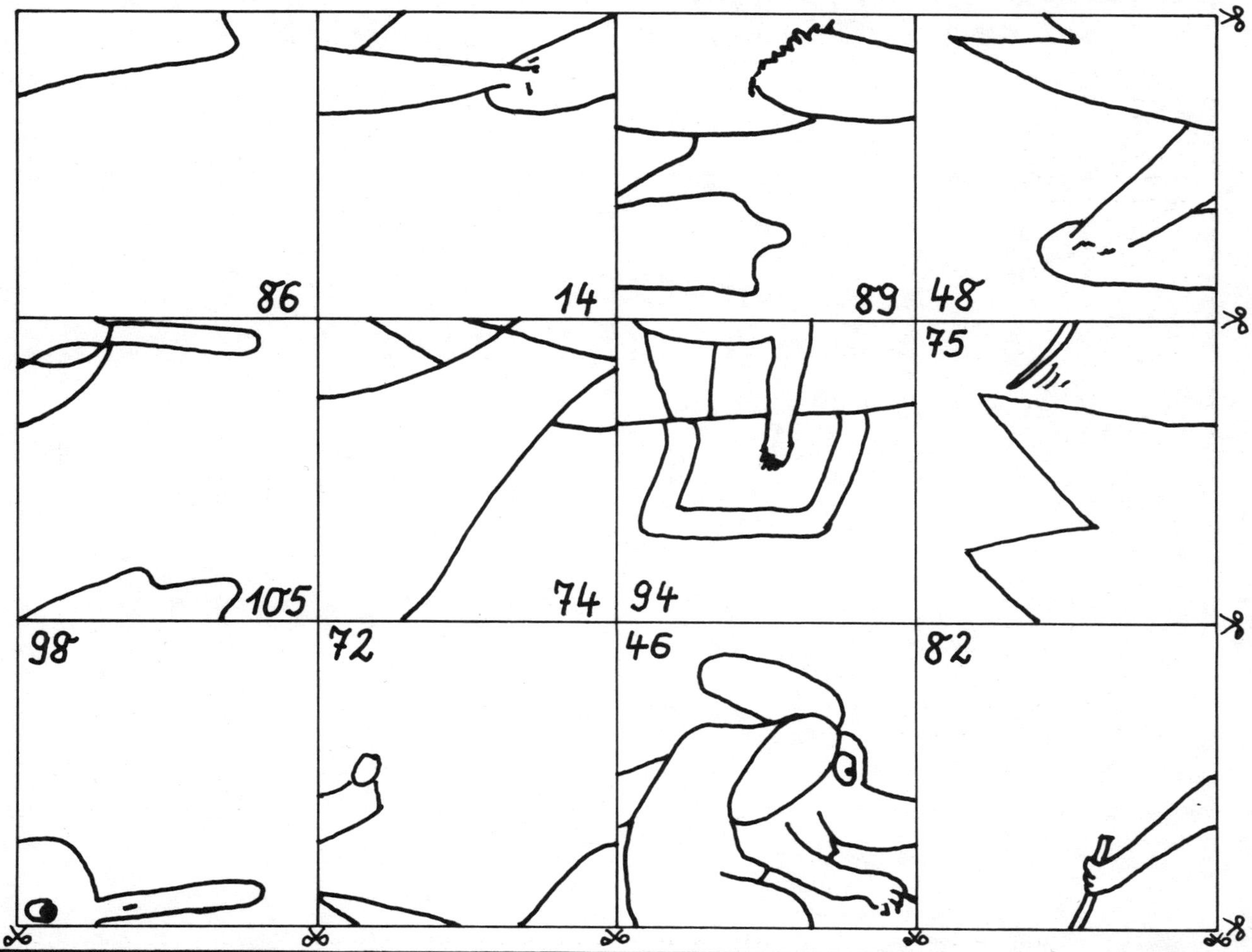

Lösung

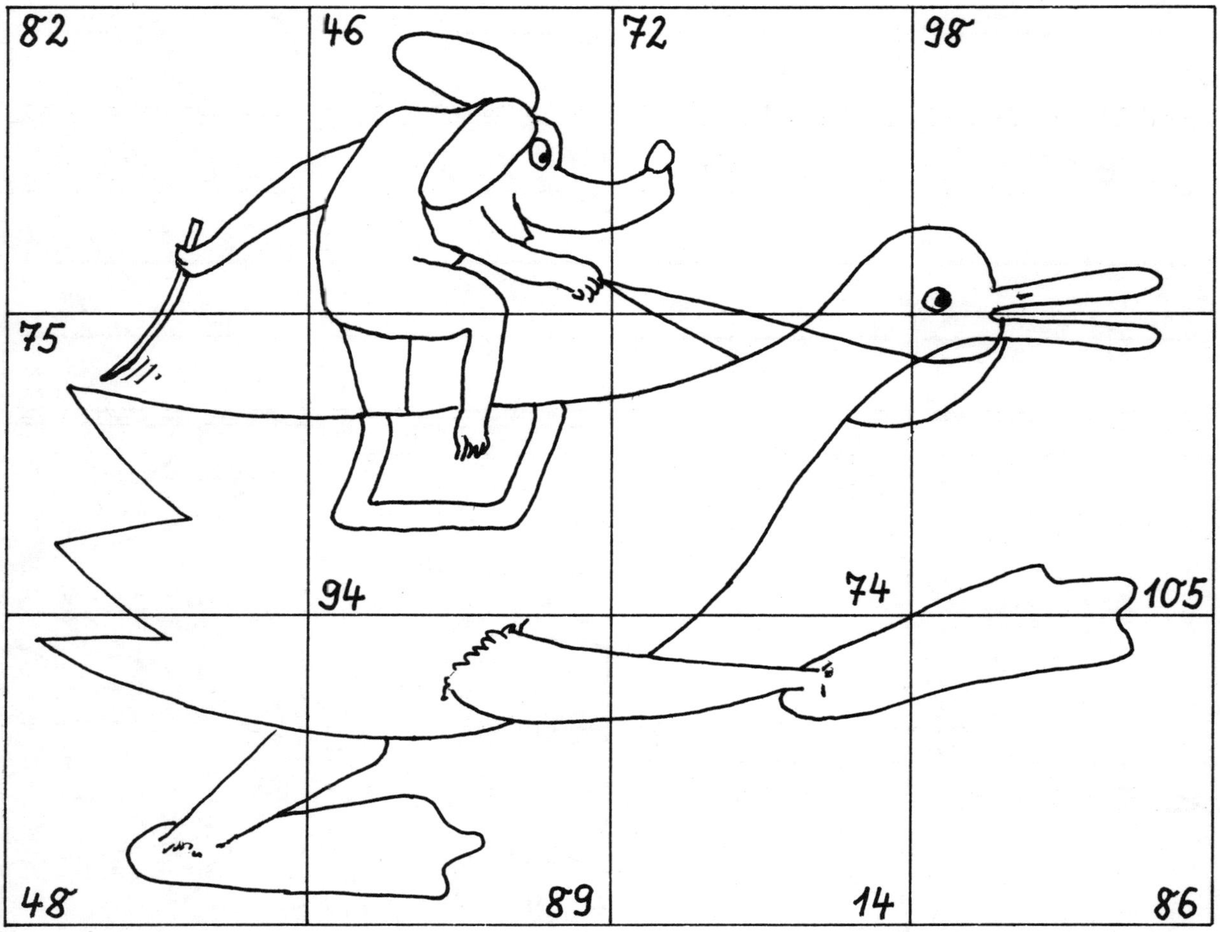

Fips der Affe

Rechne die Aufgaben auf deinem Block! Verbinde dann die Ergebnisse der Reihe nach!

1) 99 : 9 = ______	13) 119 : 7 = ______
2) 273 : 7 = ______	14) 216 : 6 = ______
3) 296 : 8 = ______	15) 342 : 9 = ______
4) 648 : 9 = ______	16) 120 : 5 = ______
5) 84 : 6 = ______	17) 108 : 9 = ______
6) 170 : 5 = ______	18) 126 : 6 = ______
7) 232 : 4 = ______	19) 203 : 7 = ______
8) 616 : 7 = ______	20) 45 : 3 = ______
9) 168 : 6 = ______	21) 245 : 7 = ______
10) 180 : 10 = ______	22) 130 : 10 = ______
11) 504 : 8 = ______	23) 220 : 5 = ______
12) 160 : 5 = ______	24) 121 : 11 = ______

Lösung

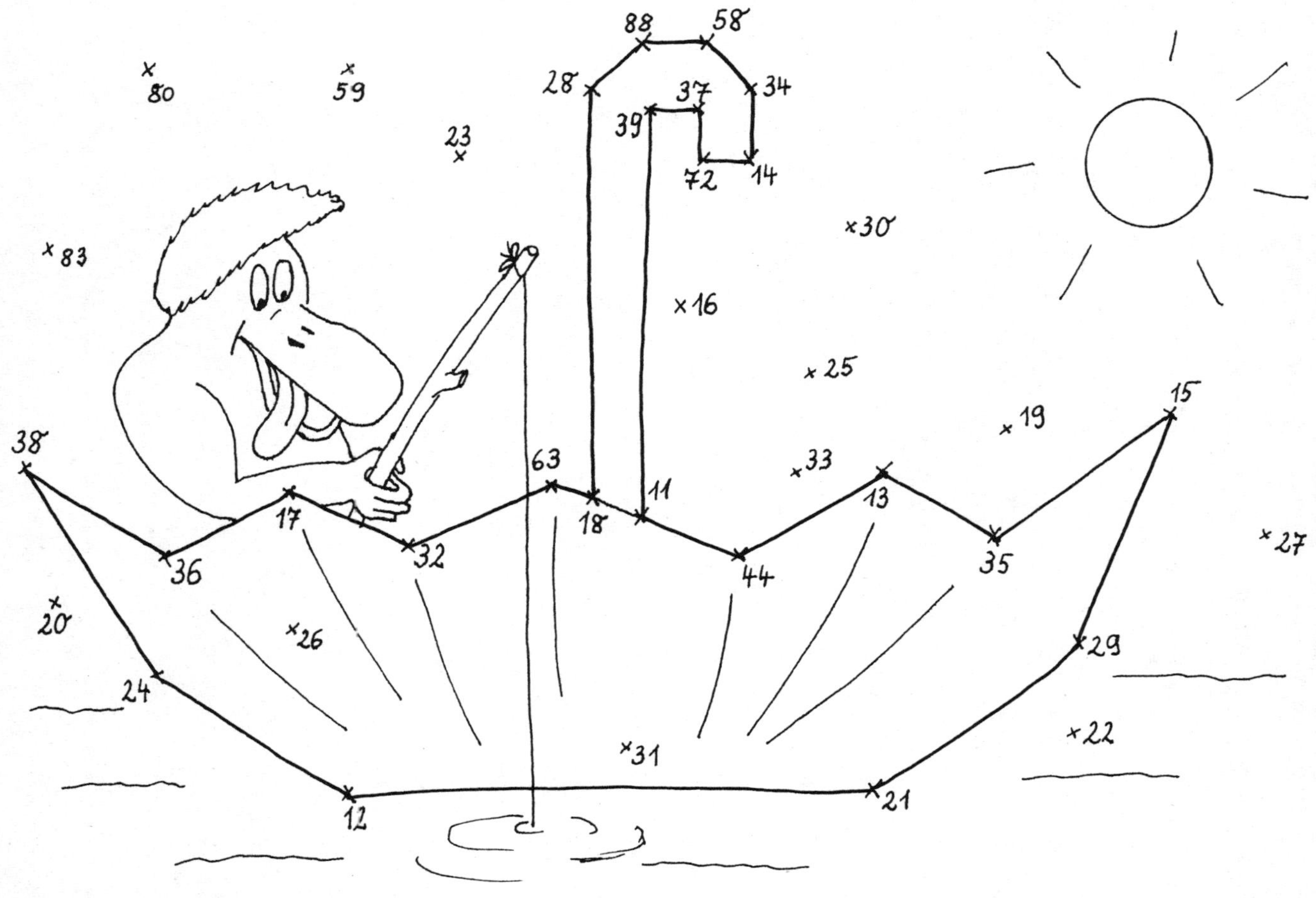

Rechne die Aufgaben auf deinem Block! Verbinde dann die Ergebnisse der Reihe nach!

1) 99 : 9 = 11
2) 273 : 7 = 39
3) 296 : 8 = 37
4) 648 : 9 = 72
5) 84 : 6 = 14
6) 170 : 5 = 34
7) 232 : 4 = 58
8) 616 : 7 = 88
9) 168 : 6 = 28
10) 180 : 10 = 18
11) 504 : 8 = 63
12) 160 : 5 = 32
13) 119 : 7 = 17
14) 216 : 6 = 36
15) 342 : 9 = 38
16) 120 : 5 = 24
17) 108 : 9 = 12
18) 126 : 6 = 21
19) 203 : 7 = 29
20) 45 : 3 = 15
21) 245 : 7 = 35
22) 130 : 10 = 13
23) 220 : 5 = 44
24) 121 : 11 = 11

Teilen mit Rest

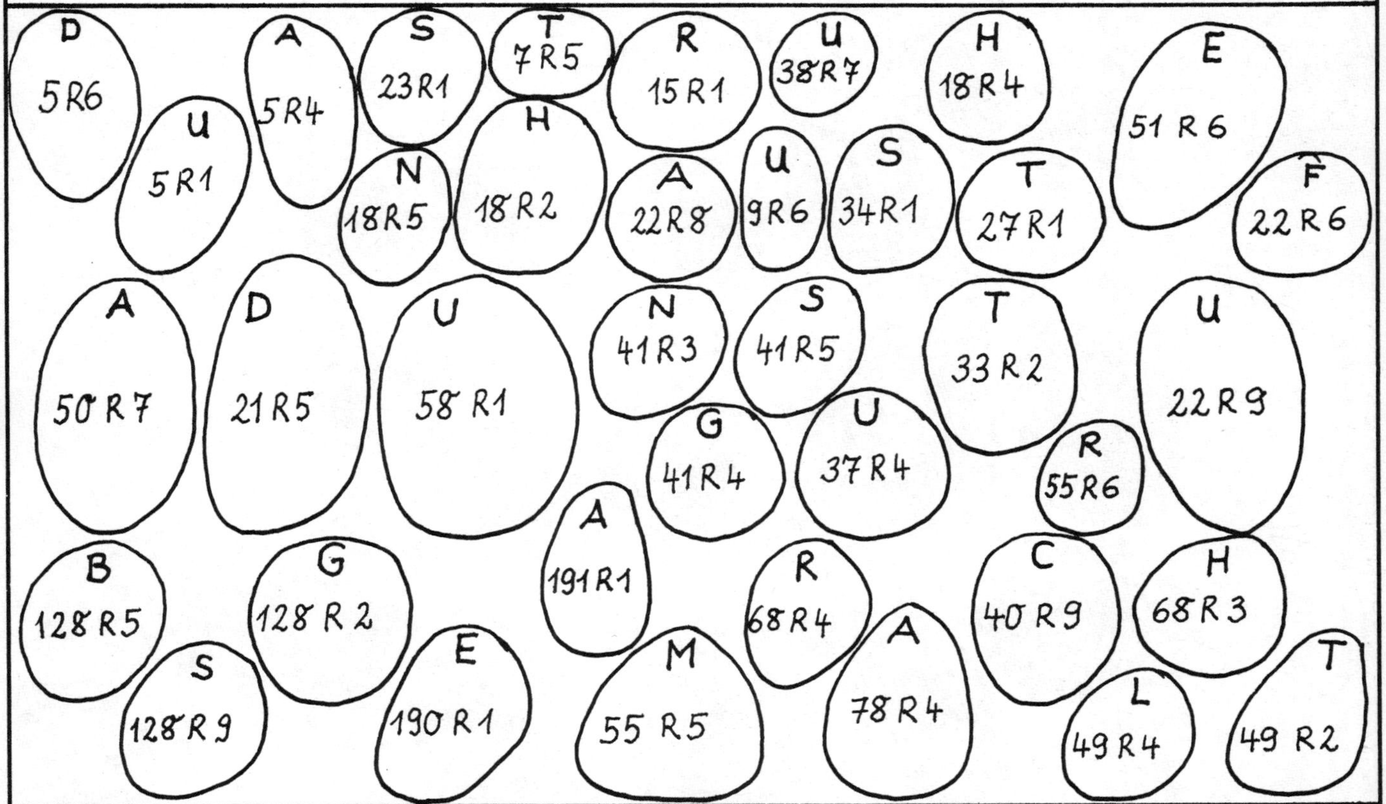

Rechne die Aufgaben auf deinem Block. Male die Luftballons mit den richtigen Lösungen in einer Farbe aus. Als Lösung erhältst du einen Satz!

46 : 8 = ____________
39 : 7 = ____________
47 : 2 = ____________
92 : 5 = ____________
206 : 9 = ____________
103 : 3 = ____________
190 : 7 = ____________
131 : 6 = ____________
291 : 5 = ____________
291 : 7 = ____________

300 : 8 = ____________
299 : 9 = ____________
386 : 3 = ____________
381 : 2 = ____________
390 : 7 = ____________
394 : 5 = ____________
409 : 10 = ____________
411 : 6 = ____________
443 : 9 = ____________

Lösung

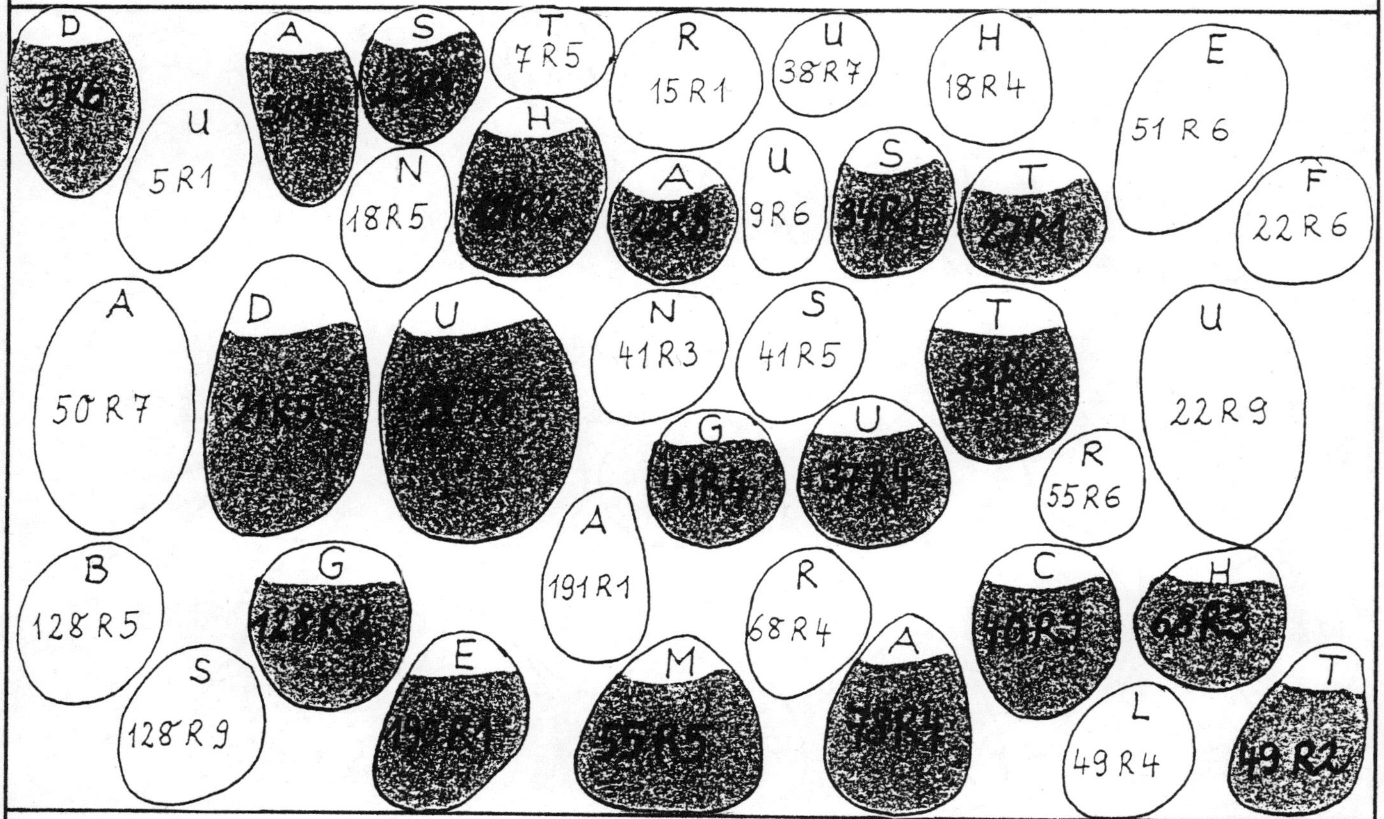

Rechne die Aufgaben auf deinem Block. Male die Luftballons mit den richtigen Lösungen in einer Farbe aus. Als Lösung erhältst du einen Satz!

46 : 8 = 5 R6

39 : 7 = 5 R4

47 : 2 = 23 R1

92 : 5 = 18 R2

206 : 9 = 22 R8

103 : 3 = 34 R1

190 : 7 = 27 R1

131 : 6 = 21 R5

291 : 5 = 58 R1

291 : 7 = 41 R4

300 : 8 = 37 R4

299 : 9 = 33 R2

386 : 3 = 128 R2

381 : 2 = 190 R1

390 : 7 = 55 R5

394 : 5 = 78 R4

409 : 10 = 40 R9

411 : 6 = 68 R3

443 : 9 = 49 R2

Lös: *Das hast du gut gemacht*

Teilen durch 25

1	·	25	=	25
2	·	25	=	50
3	·	25	=	75
4	·	25	=	100
5	·	25	=	125
6	·	25	=	150
7	·	25	=	175
8	·	25	=	200
9	·	25	=	225
10	·	25	=	250

725 : 25 = 2__

50

22__

____

____

2300 : 25 = 9__

225

____

____

____

3125 : 25 = 1__ __

25

62

____

____

____

____

6075 : 25 = __ __ __

50

____

____

____

____

____

2475 : 25 = __ __

____

____

____

____

Rechne:

3075 : 25 | 8025 : 25

8325 : 25 | 5550 : 25

10025 : 25 | 2775 : 25

Mit Rest:

5290 : 25 | 22222 : 25

Lösung

1	· 25	=	25	
2	· 25	=	50	
3	· 25	=	75	
4	· 25	=	100	
5	· 25	=	125	
6	· 25	=	150	
7	· 25	=	175	
8	· 25	=	200	
9	· 25	=	225	
10	· 25	=	250	

725 : 25 = 29
50
225
225
0

2300 : 25 = 92
225
50
50
0

3125 : 25 = 125
25
62
50
125
125
0

6075 : 25 = 243
50
107
100
75
75
0

2475 : 25 = 99
225
225
225
0

Rechne:

3075 : 25 = 123 8025 : 25 = 321
8325 : 25 = 333 5550 : 25 = 222
10025 : 25 = 401 2775 : 25 = 111

Mit Rest: 5290 : 25 = 211 R15 22222 : 25 = 888 R22

Z i e l s c h e i b e

Rechne mit 2, 3 oder mehr Zahlen, die am Rande der Zielscheibe stehen. Du sollst die Zahl in der Mitte der Zielscheibe erreichen.
Du darfst abziehen, zusammenzählen, teilen und malnehmen!

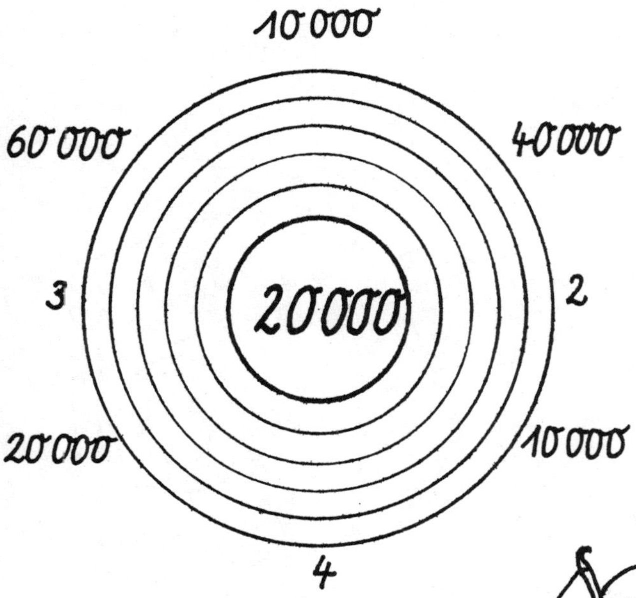

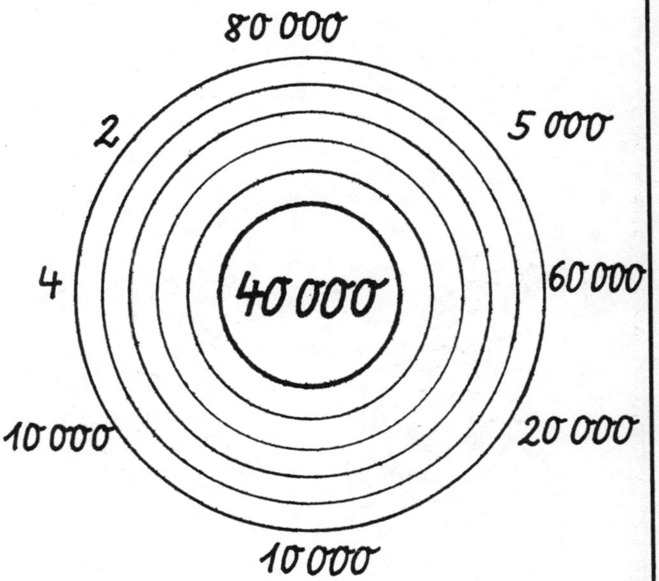

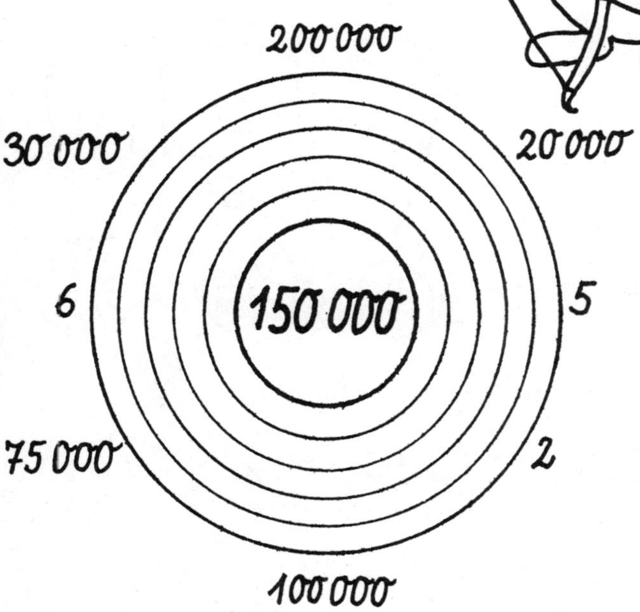

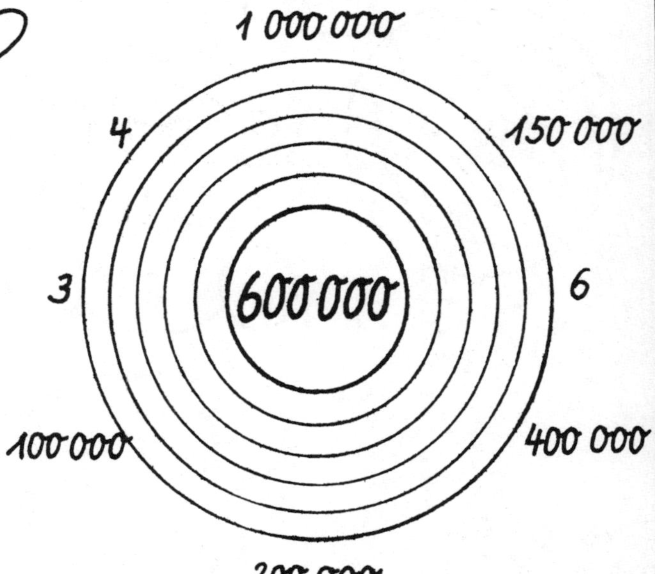

Welches Spielzeug gehört zu welchem Knulp?

Kreispuzzle

Schneide die einzelnen Tortenstücke (= Segmente) aus.
Nimm ein Teil. Auf ihm steht eine Rechnung. Rechne diese Aufgabe auf deinem Block. Auf einem anderen Puzzleteil findest du das Ergebnis der Rechnung. Lege es neben das erste Teil.
Nun findest du auf dem zweiten Segment eine Aufgabe. Rechne sie.
Weißt du nun, wie es geht?

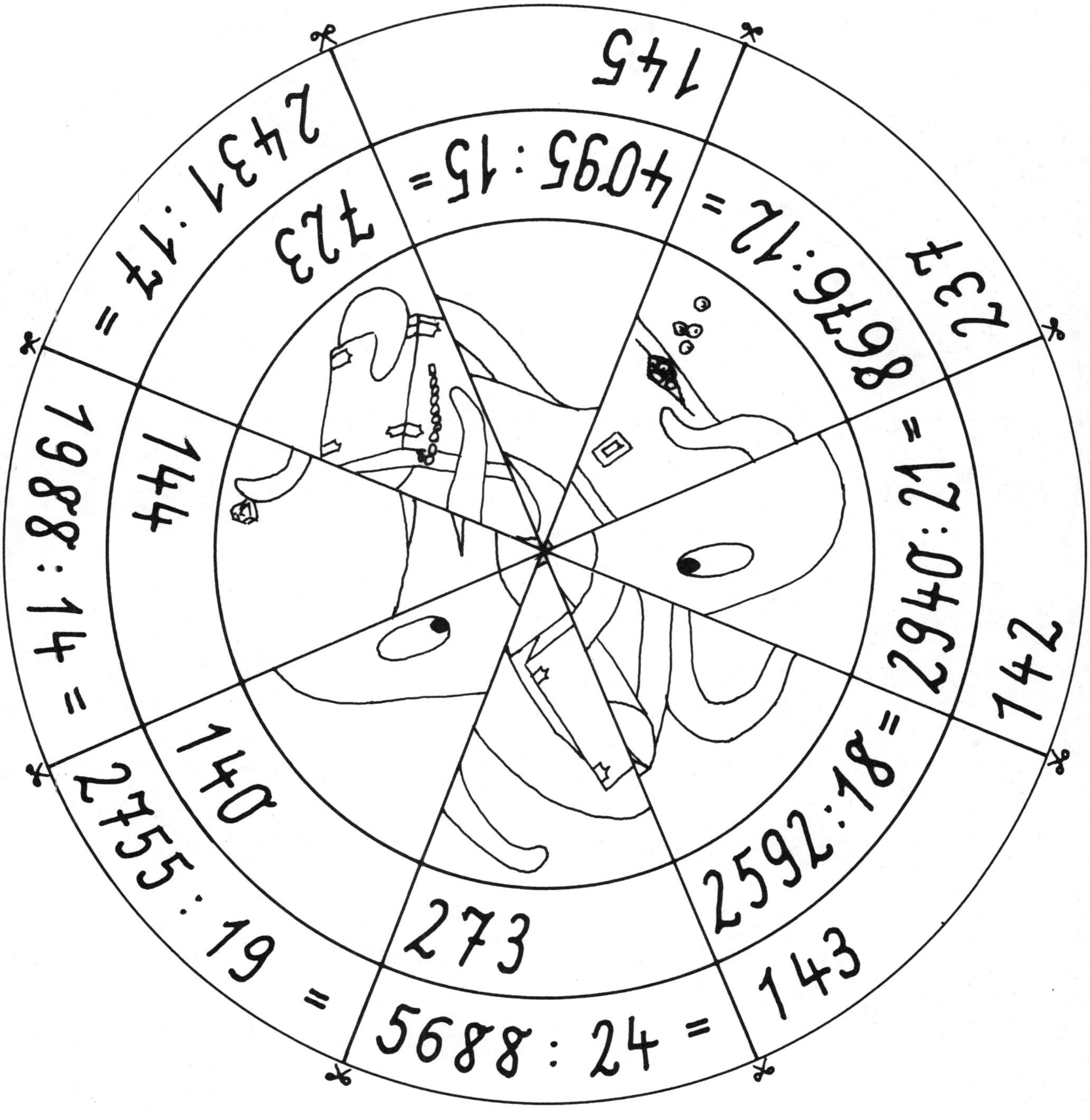

Lösung

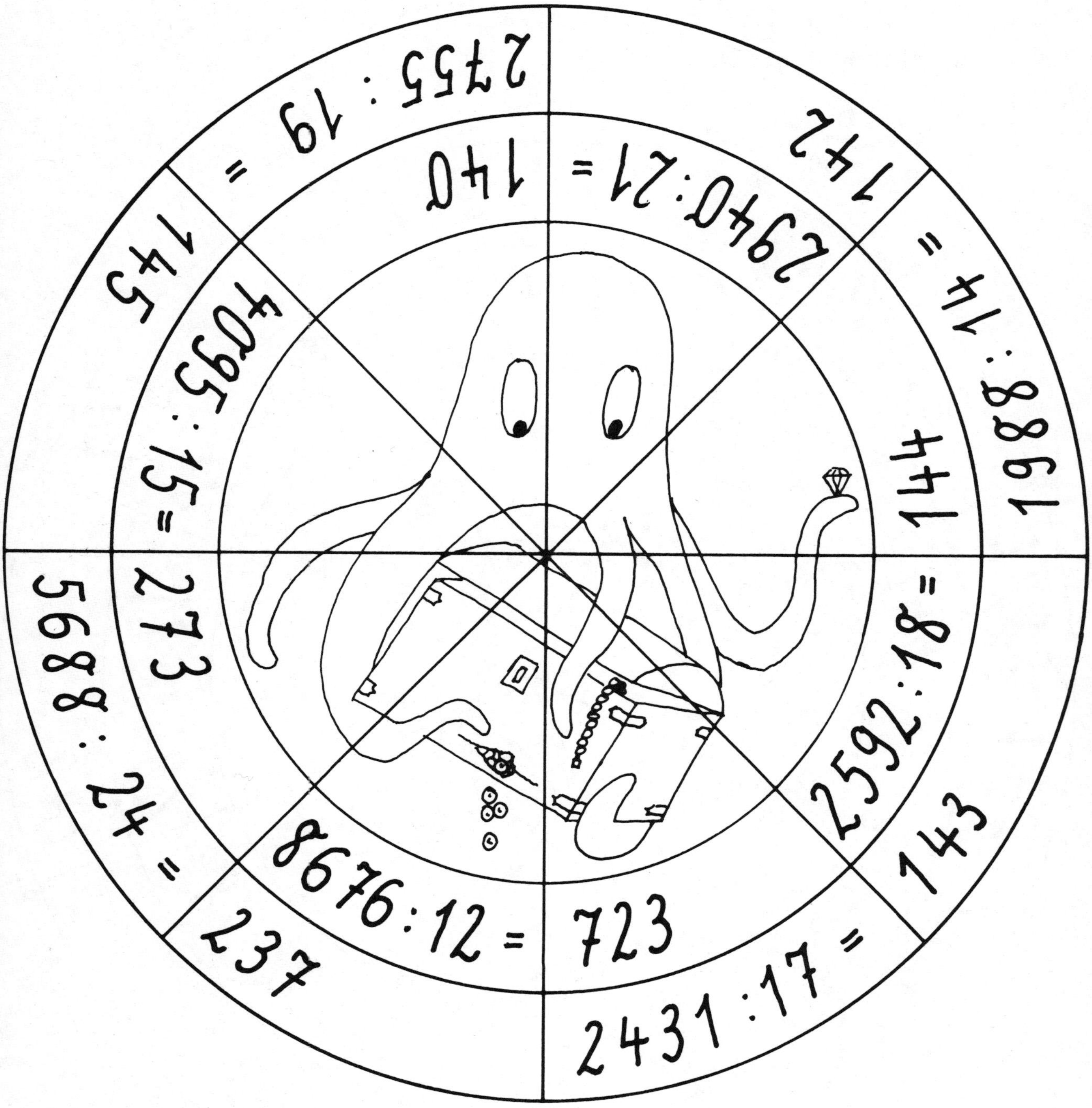
2755 : 19 =
145
4095 : 15 =
273
5688 : 24 =
237
8676 : 12 =
723
2431 : 17 =
143
2592 : 18 =
144
1988 : 14 =
142
2940 : 21 =
140

Puzzle

2744 : 49	4298 : 81	6350 : 23	30 450 : 62
67 870 : 55	12 444 : 19	23 845 : 95	21 100 : 38
24 642 : 74	35 400 : 86	26 973 : 27	280 900 : 65

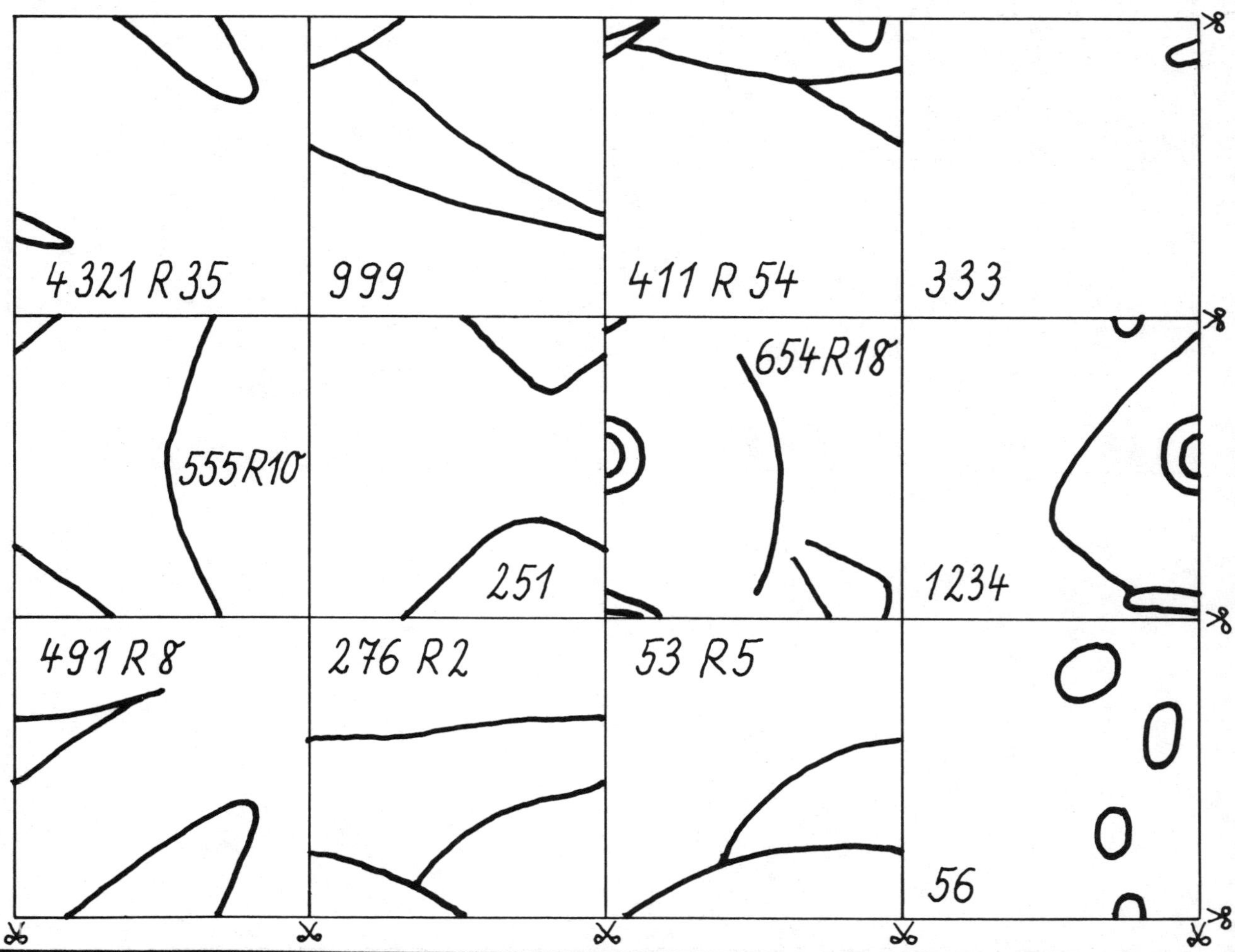

Lösung

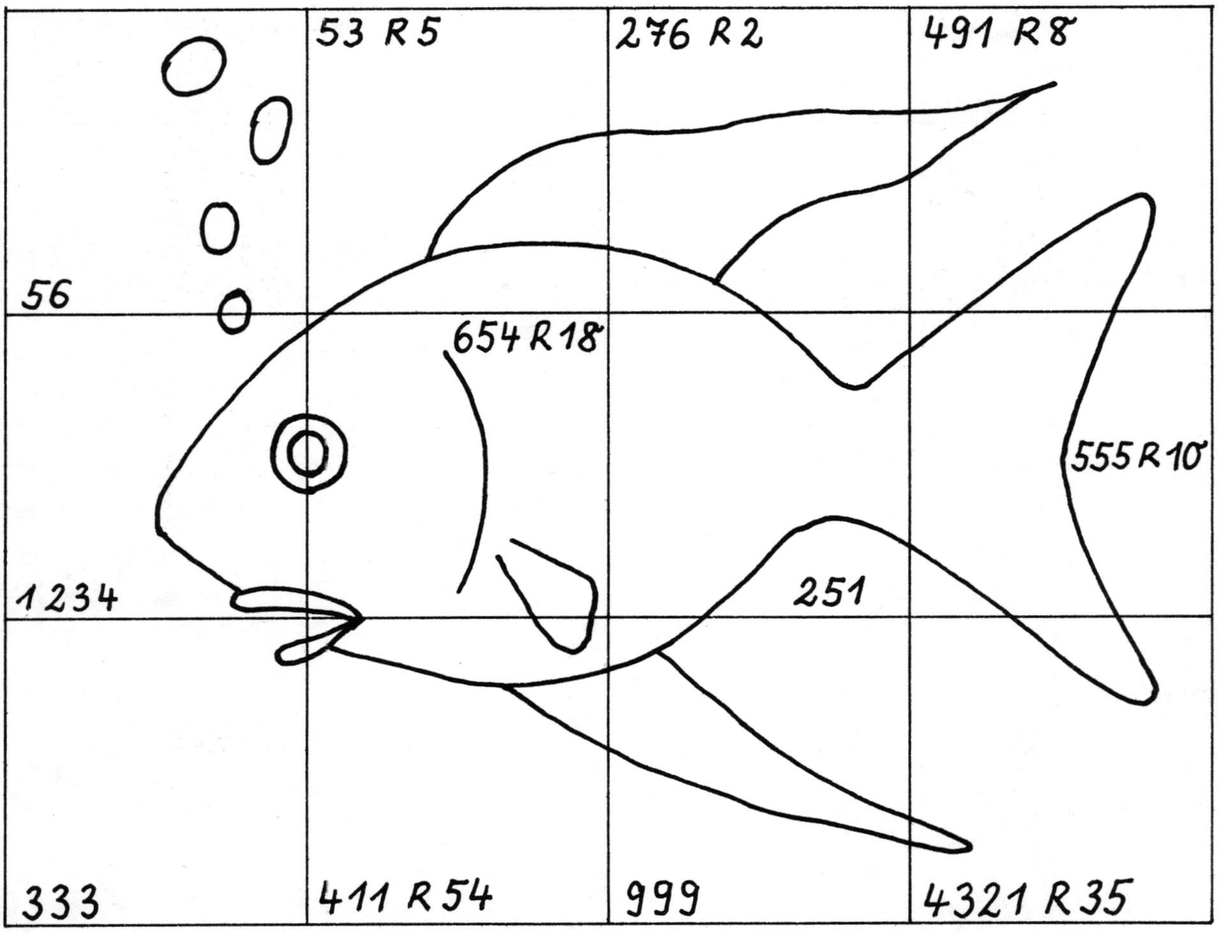
53 R5
276 R2
491 R8
56
654 R18
555 R10
1234
251
333
411 R54
999
4321 R35

Kreuzzahlenrätsel

Trage die Ergebnisse in die entsprechenden Kästchen ein (wie beim Kreuzworträtsel)!

Waagrecht:

1) $1234 \cdot 567$
5) $1116 : 12$
6) $557 \cdot 3$
8) $263 \cdot 25$
9) $600 : 75$
10) $2080 : 32$
11) $516 : 86$
12) $4896 \cdot 24$

Senkrecht:

1) $3864 : 56$
2) $3333 \cdot 299$
3) $2501 \cdot 255$
4) $2523 : 29$
6) $256 : 16$
7) $1485 : 99$
9) $9 \cdot 9$
11) $5120 : 80$

Lösung

Trage die Ergebnisse in die entsprechenden Kästchen ein (wie beim Kreuzworträtsel)!

(1) 6	9	(2) 9	(3) 6	7	(4) 8
9	■	(5) 9	3	■	7
■	(6) 1	6	7	(7) 1	■
■	(8) 6	5	7	5	■
(9) 8	■	(10) 6	5	■	(11) 6
(12) 1	1	7	5	0	4

Waagrecht:

1) 1234 · 567
5) 1116 : 12
6) 557 · 3
8) 263 · 25
9) 600 : 75
10) 2080 : 32
11) 516 : 86
12) 4896 · 24

Senkrecht:

1) 3864 : 56
2) 3333 · 299
3) 2501 · 255
4) 2523 : 29
6) 256 : 16
7) 1485 : 99
9) 9 · 9
11) 5120 : 80

H i l f e ! Kassier Meier hat die Rechnung verschmutzt. Hilf ihm, die fehlenden Zahlen zu finden.

Bauunternehmen Hoffmann & Söhne

Herrn
Herbert Schneider
Ringgasse 3
8000 München

Rechnung

Für die Erstellung Ihrer Garage berechnen wir:

Baumaterial................................	DM 4858.-
45 Std. á [illegible] DM	DM 1755.-
Anfahrt 3 Std. á 33 DM	DM [illegible].-
Summe	DM [illegible]2.-

Mit freundlichem Gruß

H. Hoffmann

1. Was kostet eine Arbeitsstunde?

2. Wieviel kostet die Anfahrt?

3. Wie hoch ist die Gesamtsumme?

Lösung	

H i l f e ! Kassier Meier hat die Rechnung verschmutzt. Hilf ihm, die fehlenden Zahlen zu finden.

Bauunternehmen Hoffmann & Söhne

Herrn
Herbert Schneider
Ringgasse 3
8000 München

Rechnung

Für die Erstellung Ihrer Garage berechnen wir:

Baumaterial	DM 4858.-
45 Std. á [illegible] DM	DM 1755.-
Anfahrt 3 Std. á 33 DM	DM [illegible].-
Summe	DM [illegible]2.-

Mit freundlichem Gruß
H. Hoffmann

1. Was kostet eine Arbeitsstunde?

R.:

1755 : 45 = 39
135
 405
 405
   0

A.: Eine Arbeitsstunde kostet 39 DM.

2. Wieviel kostet die Anfahrt?

R.: 33 · 3 = 99

A.: Die Anfahrt kostet 99 DM.

3. Wie hoch ist die Gesamtsumme?

R.:
  4858 DM
  1755 DM
+   99 DM
  6712 DM

A.: Die Gesamtsumme beträgt 6712 DM.

Erfinde Sachaufgaben!

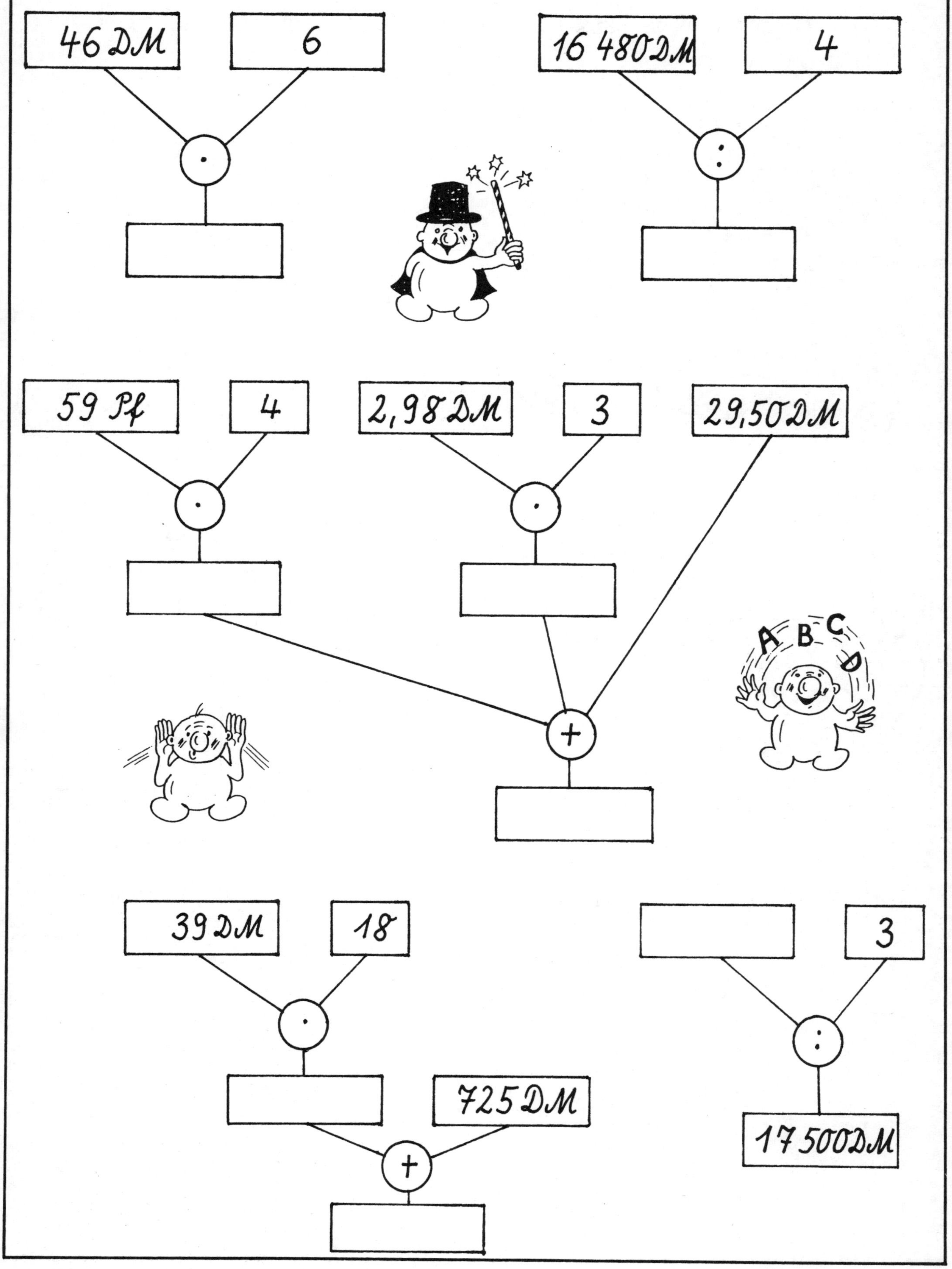

Hansi untersucht seine Bausteine

Male quaderförmige Bausteine rot und würfelförmige Bausteine gelb an!

Wir untersuchen Körper

1. Benenne die 6 Körper!

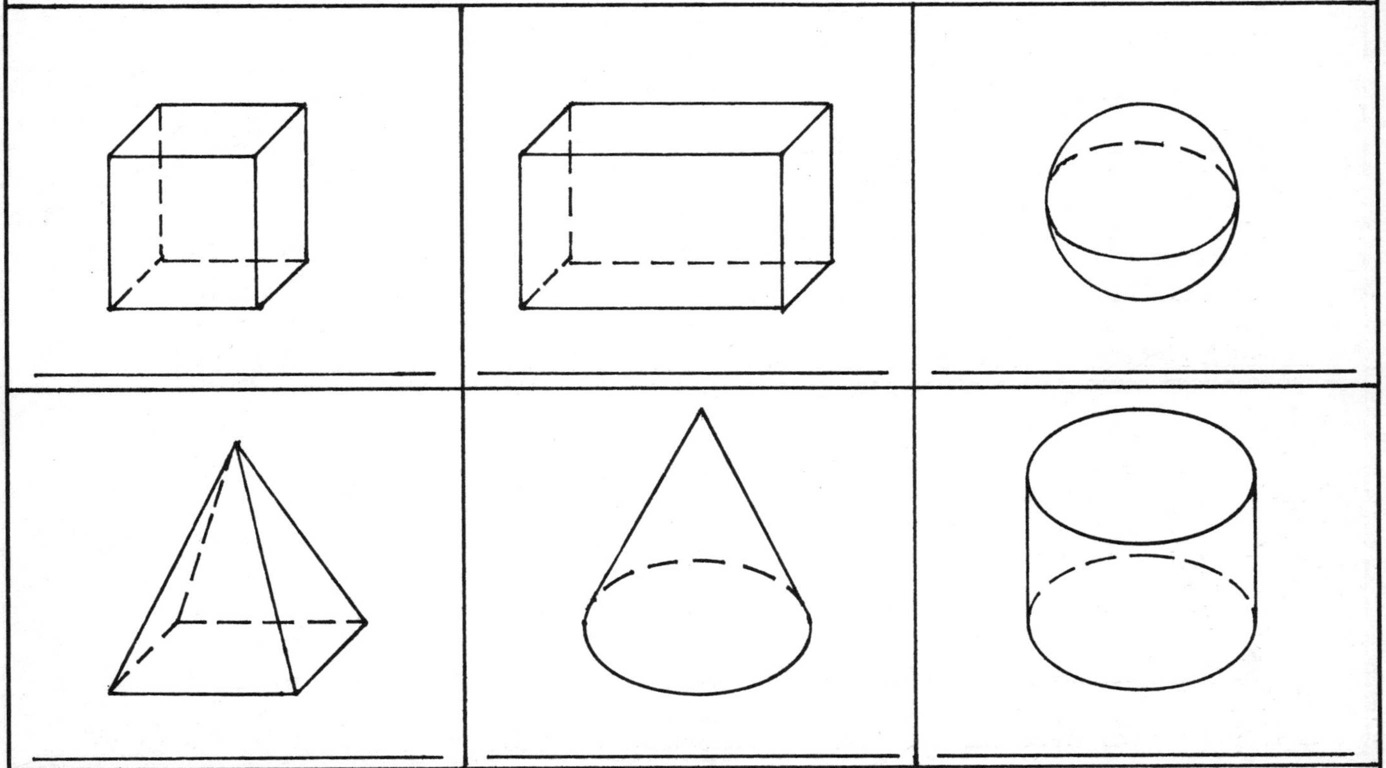

2. Untersuche die Körper!

	Würfel	Quader	Kugel	Pyramide	Kegel	Zylinder
Ecken						
Kanten						
quadratische Flächen						
rechteckige Flächen						
dreieckige Flächen						
kreisförm. Flächen						
gebogene Flächen						

Lösung

1. Benenne die 6 Körper!

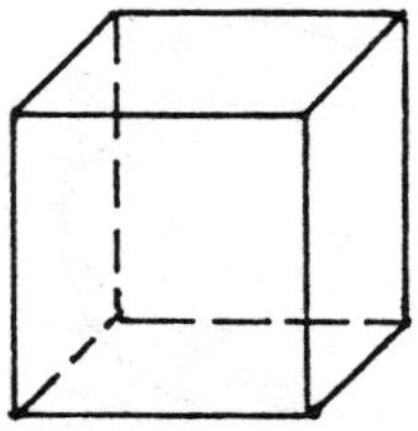

Würfel

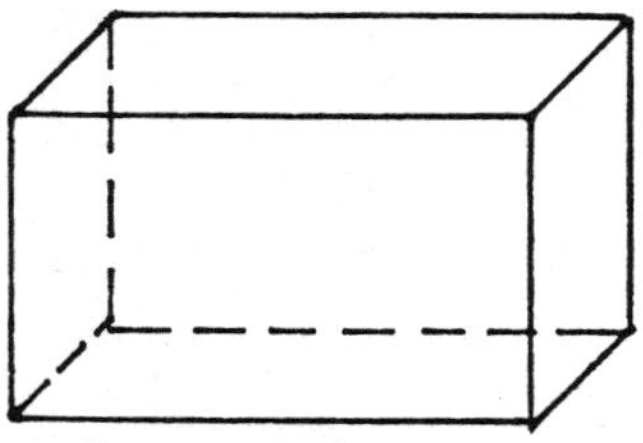

Quader

Kugel

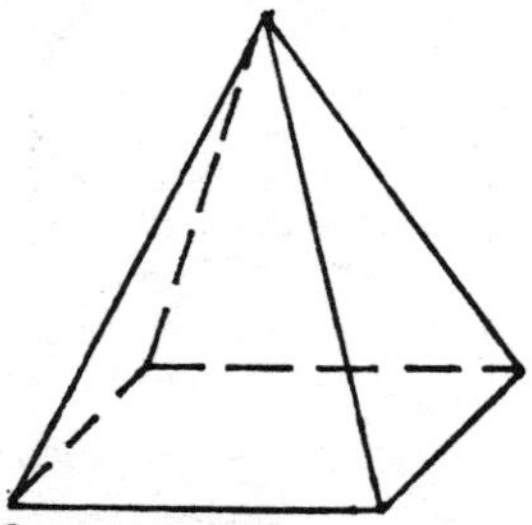

Pyramide

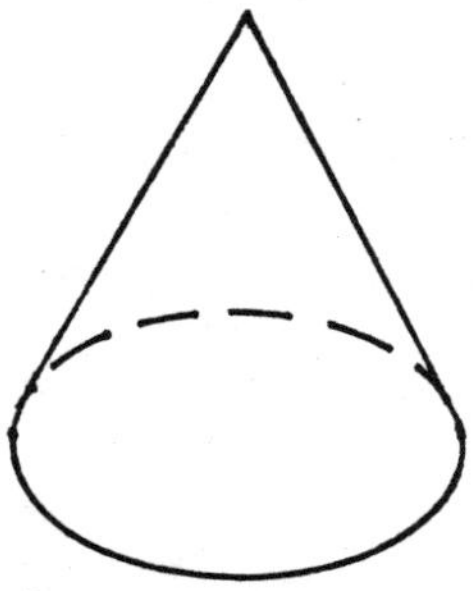

Kegel

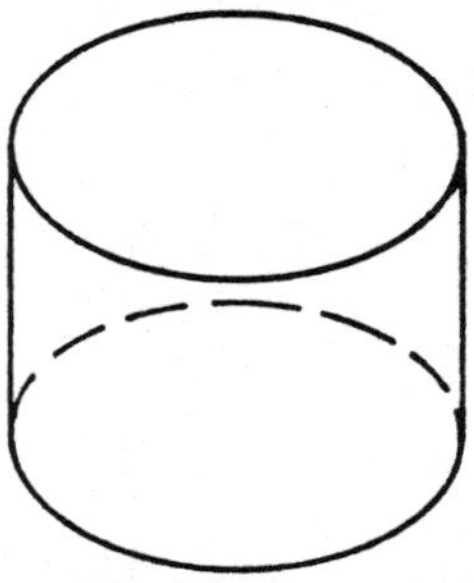

Zylinder

2. Untersuche die Körper!

	Würfel	Quader	Kugel	Pyramide	Kegel	Zylinder
Ecken	8	8		5	1	
Kanten	12	12		8	1	2
quadratische Flächen	6			1		
rechteckige Flächen		6				
dreieckige Flächen				4		
kreisförm Flächen					1	2
gebogene Flächen			1		1	1

Bist du ein schlauer Fuchs?

Male die Netze aus, aus denen man einen Quader bauen kann!

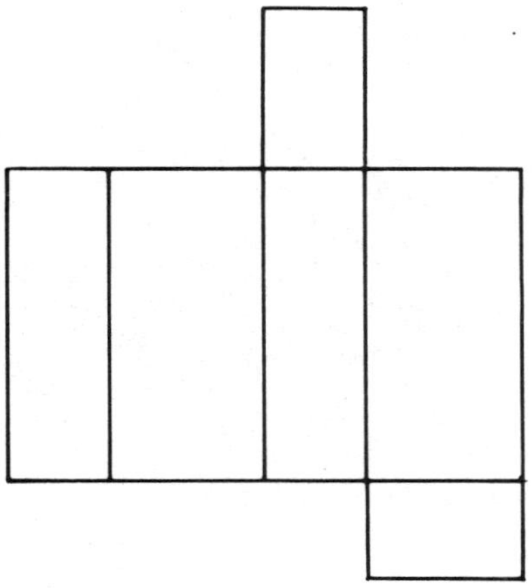

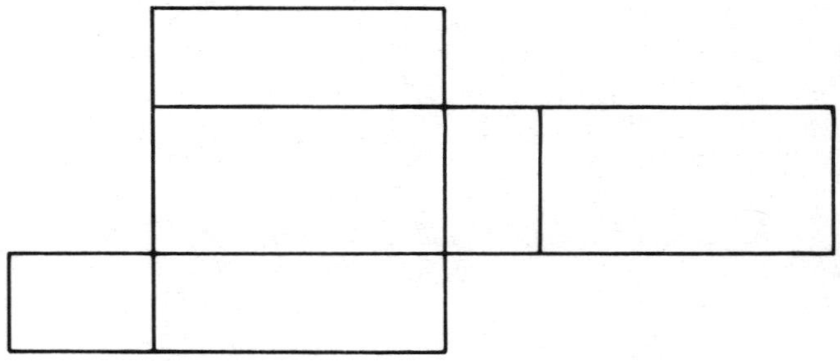

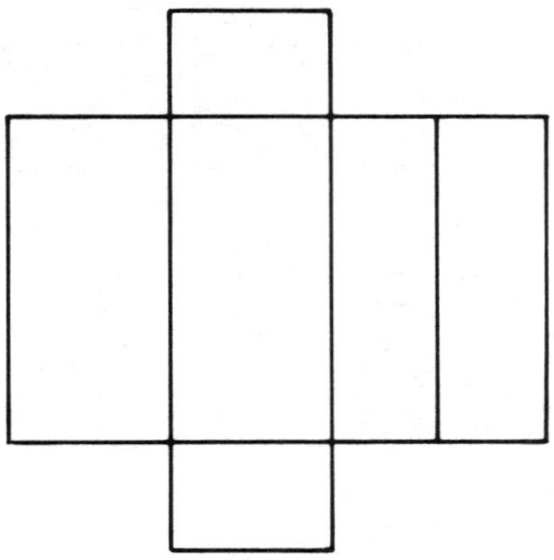

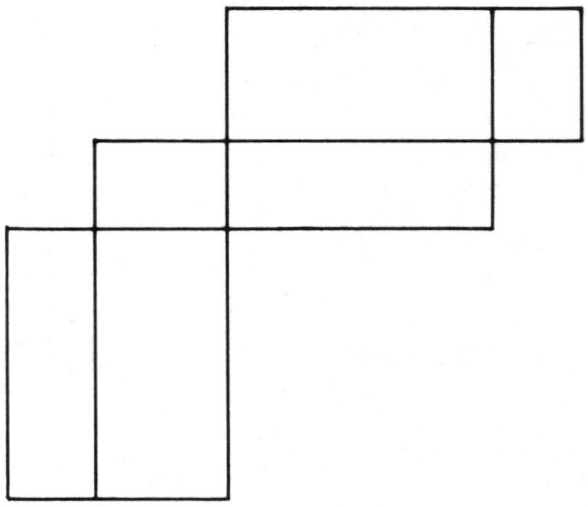

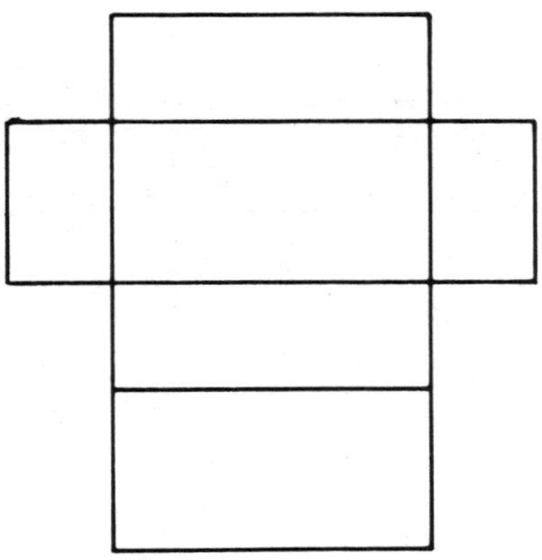

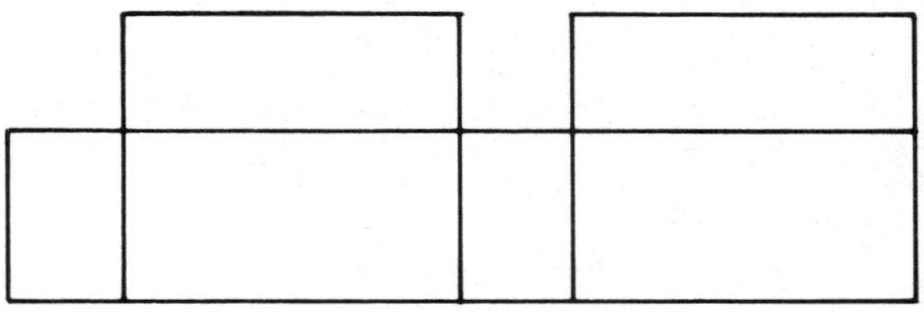

Lösung

Male die Netze aus, aus denen man einen Quader bauen kann!

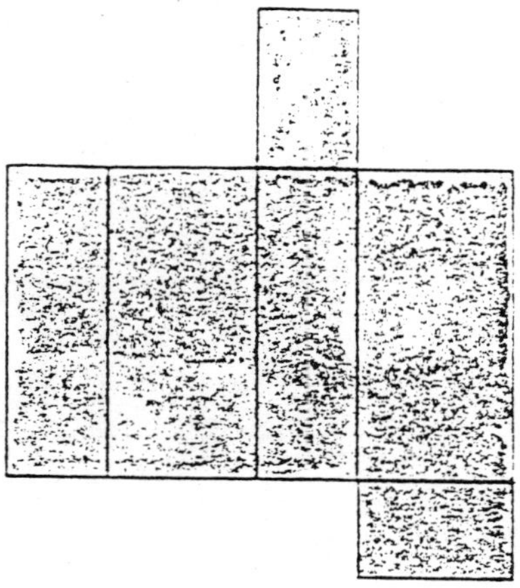

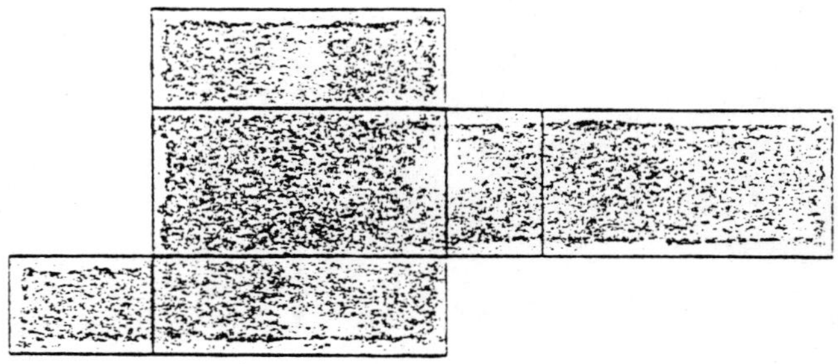

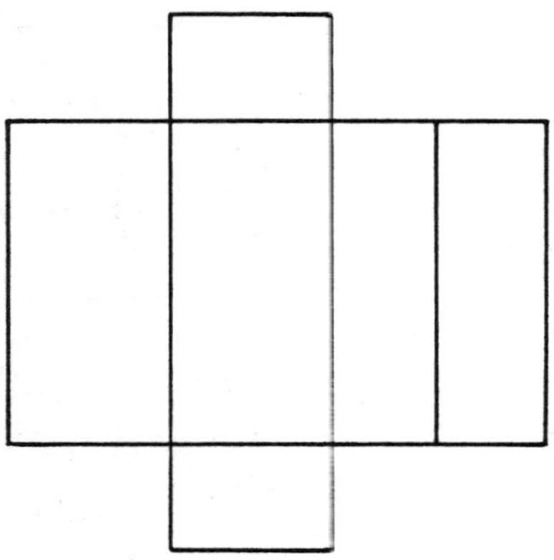

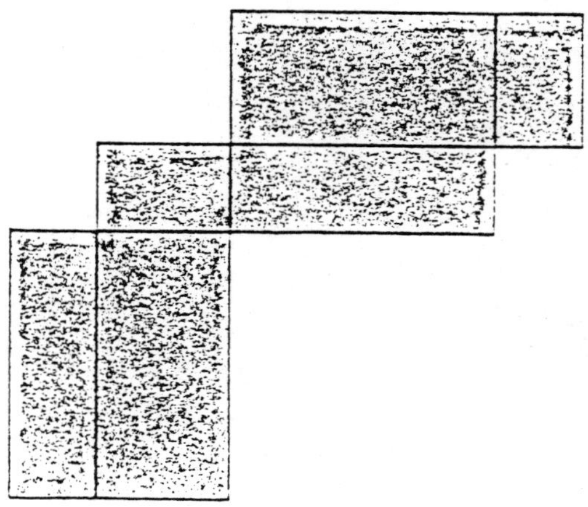

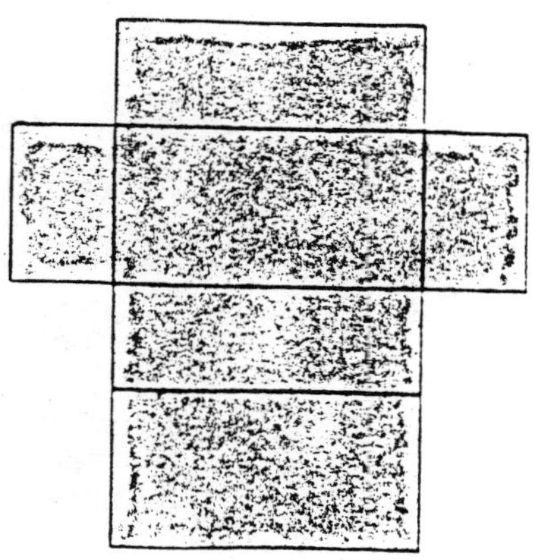

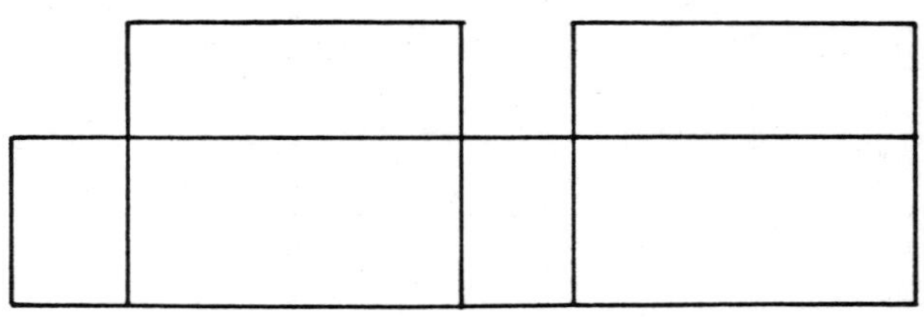

Zeichne die Spiegelachsen ein, wenn es möglich ist!

Lösung

Zeichne die Bilder symmetrisch fertig!

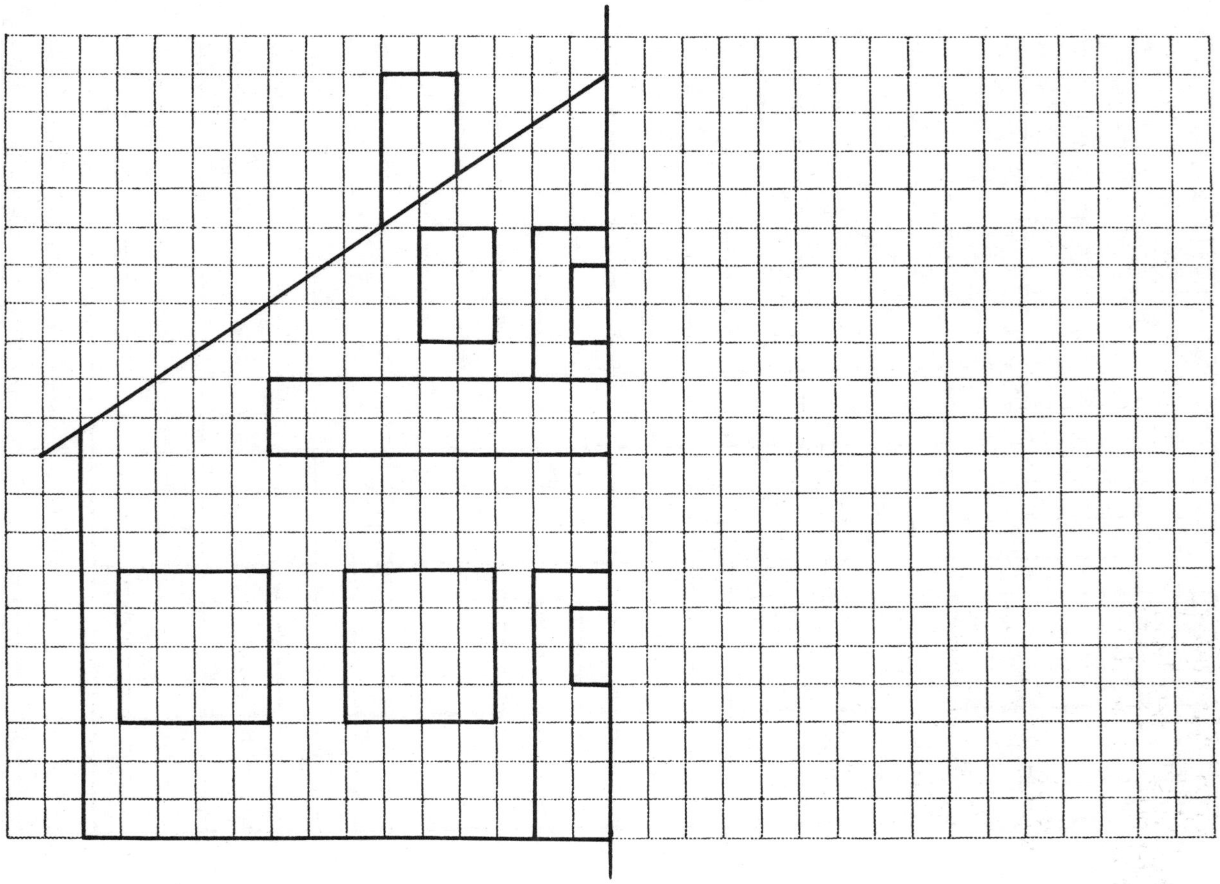

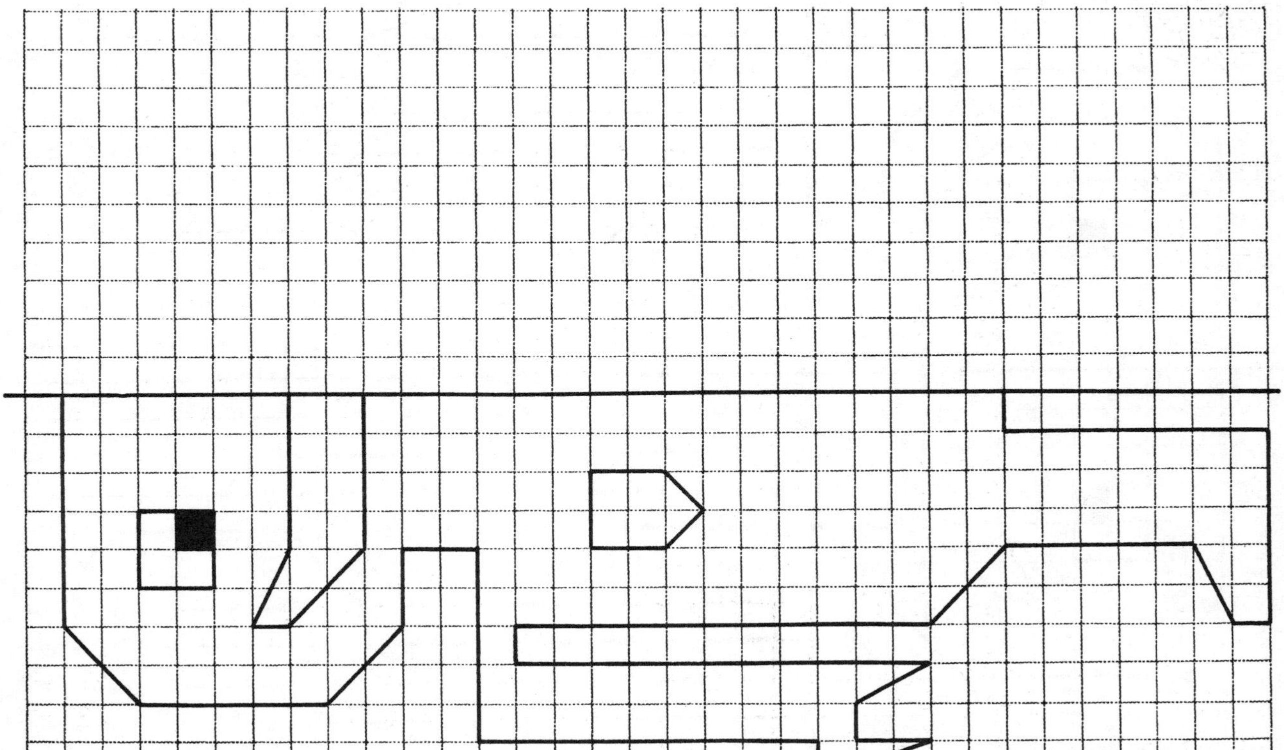

Lösung

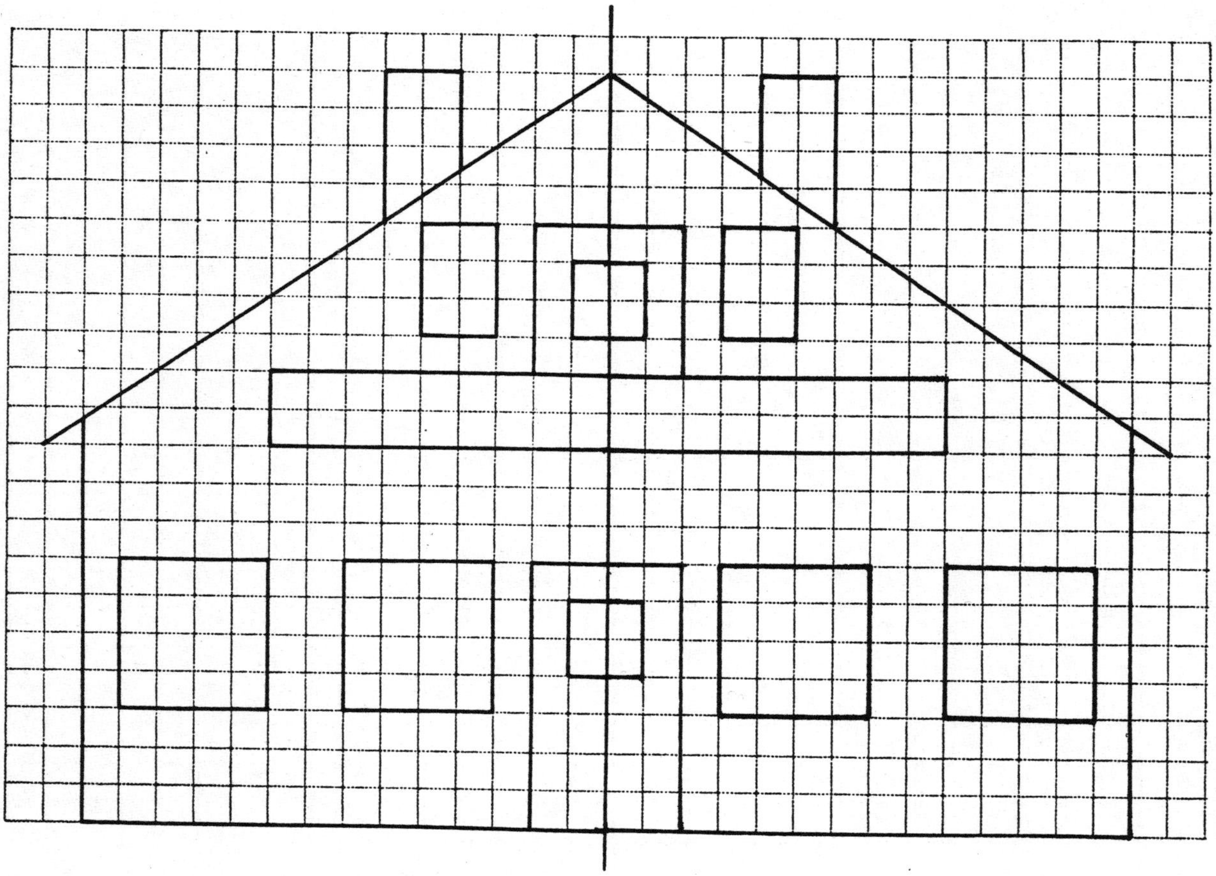

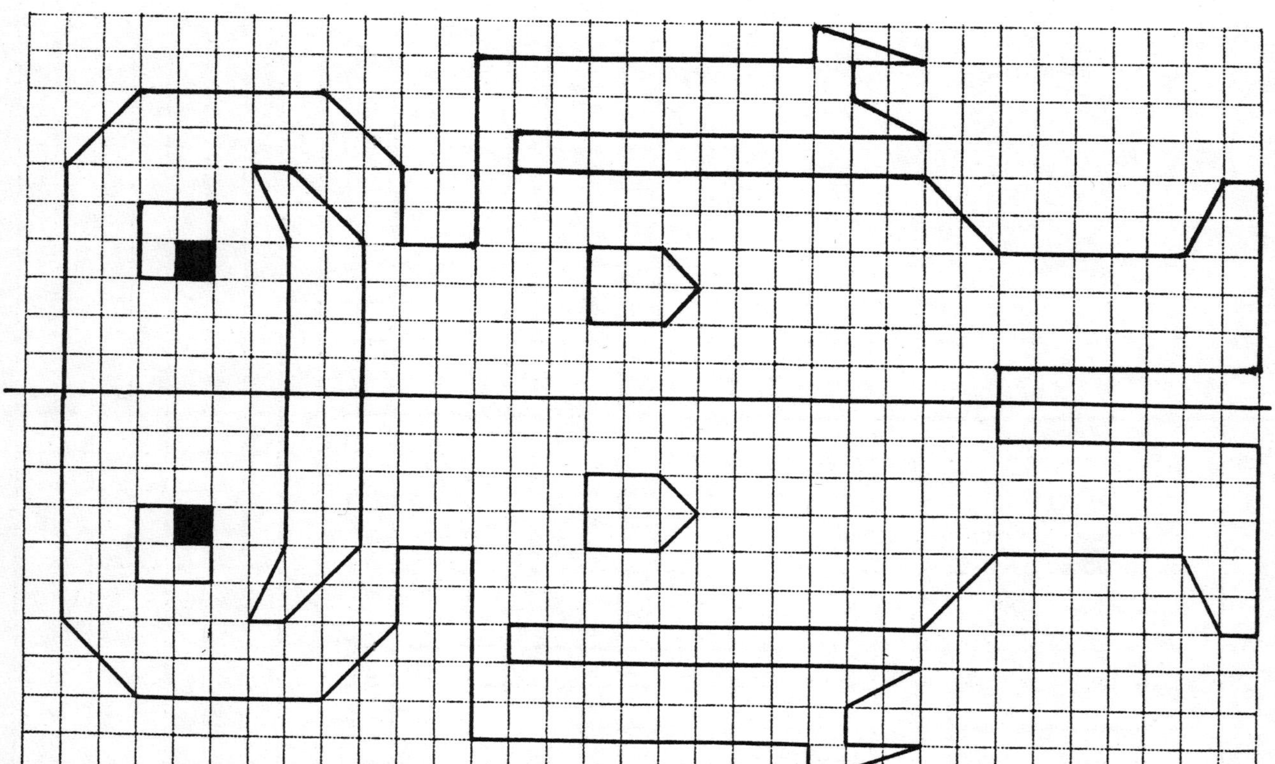

Zeichne symmetrisch fertig!

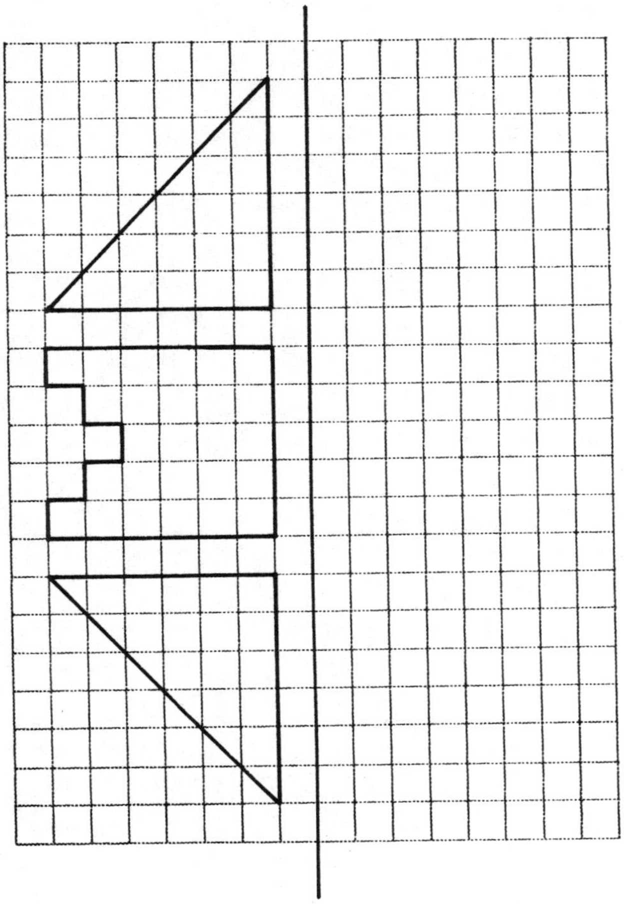

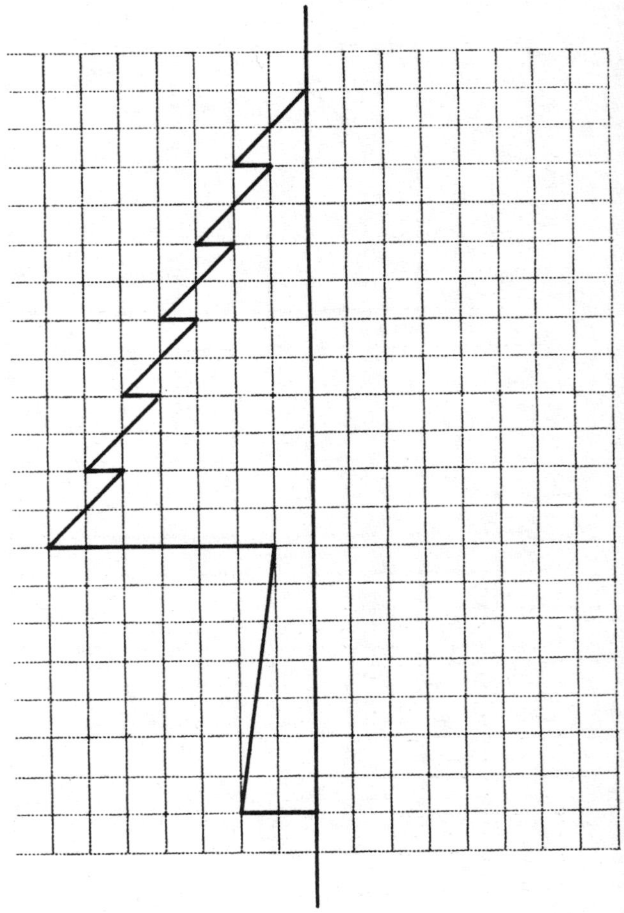

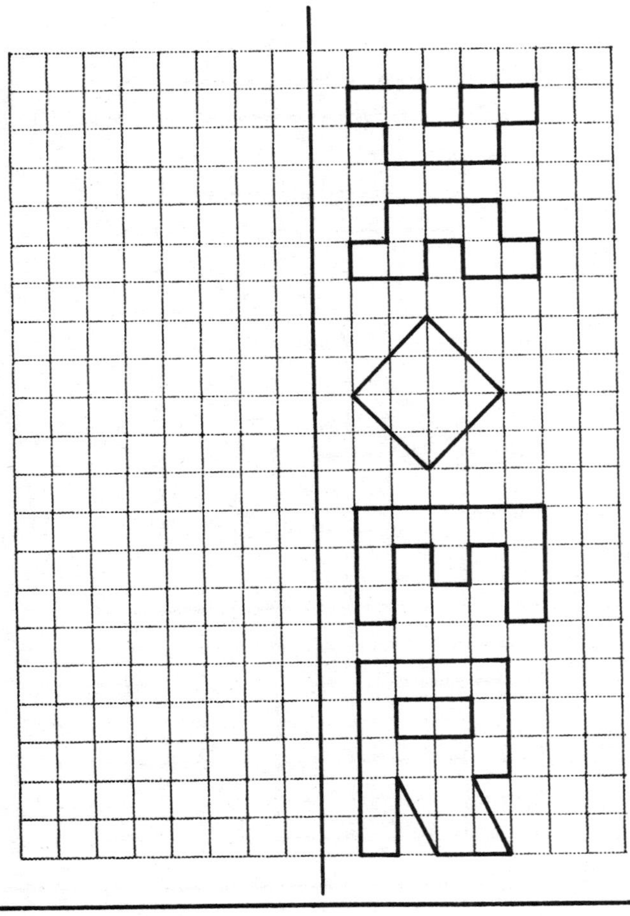

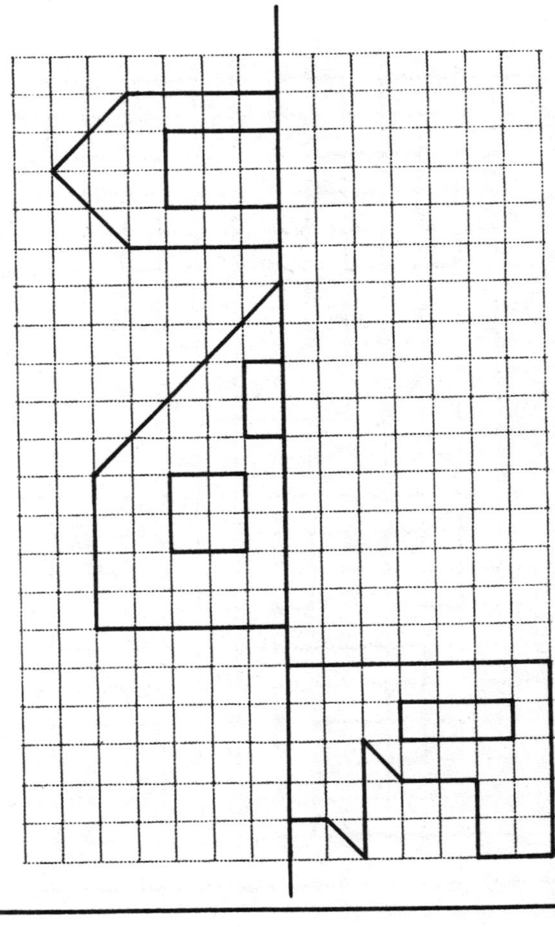

Lösung

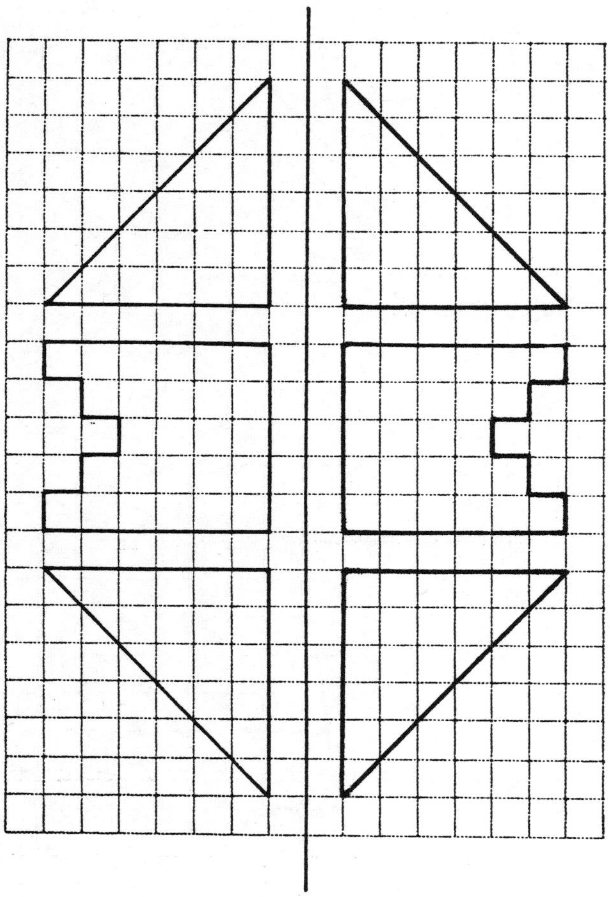

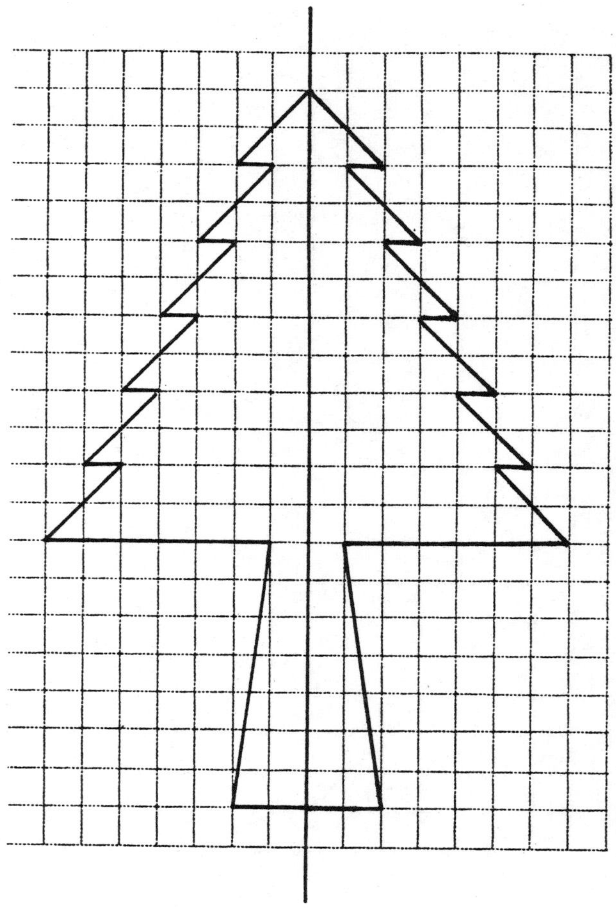

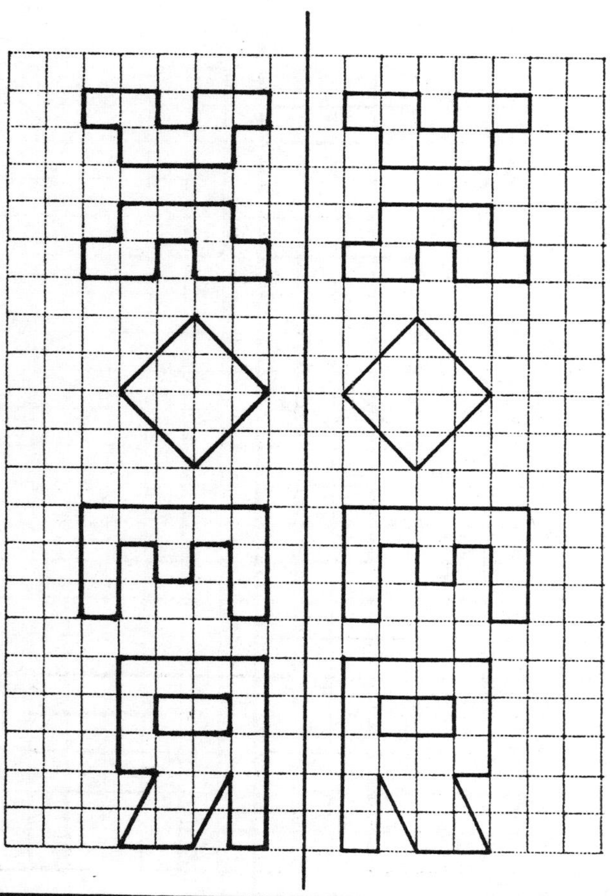

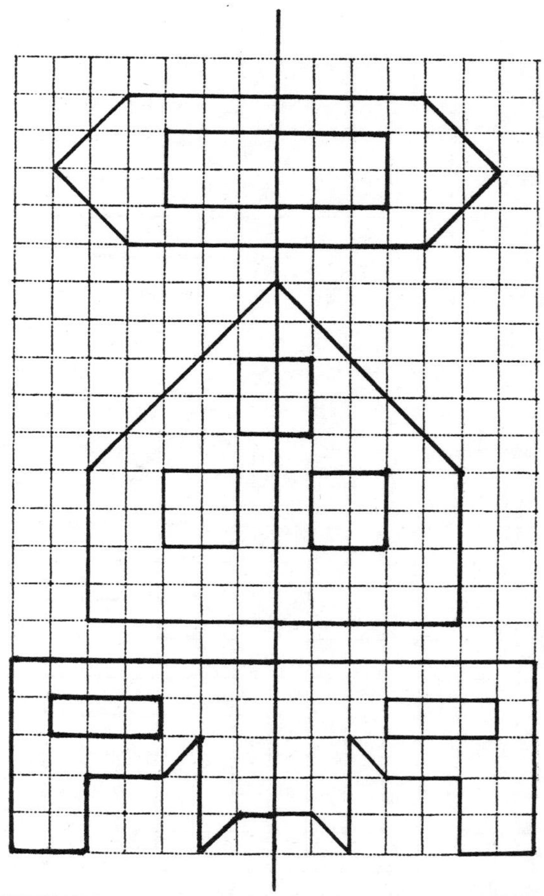

Hast du Augen wie ein Adler?

Die Bilder sollen symmetrisch sein. Auf jedem Bild sind 5 Fehler versteckt. Umkreise sie!

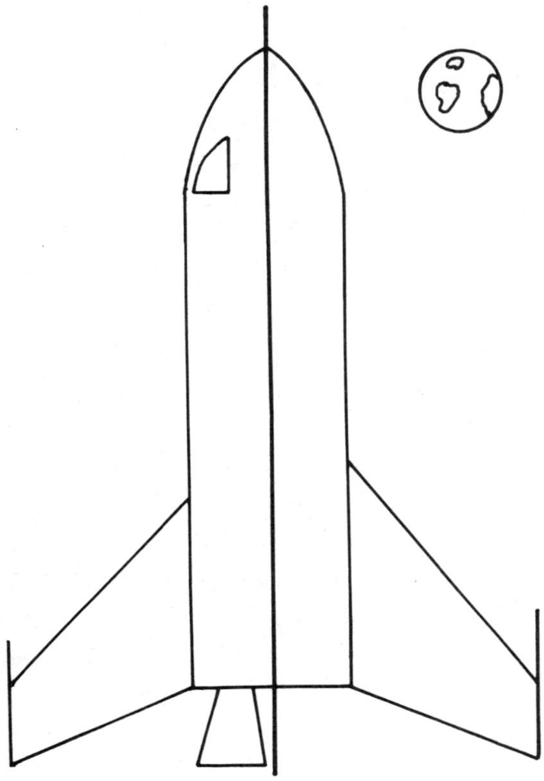

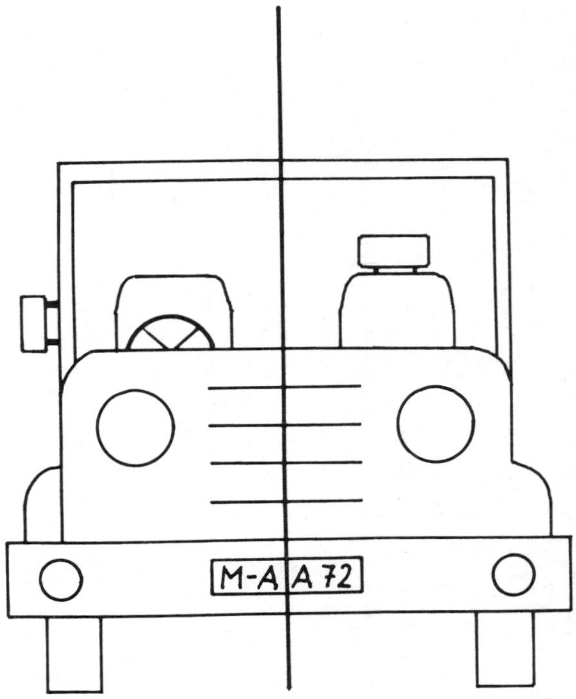

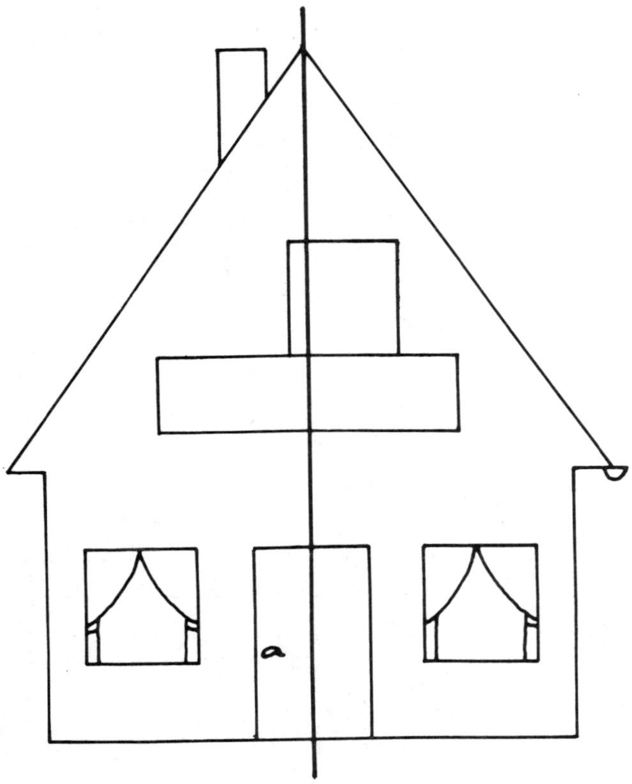

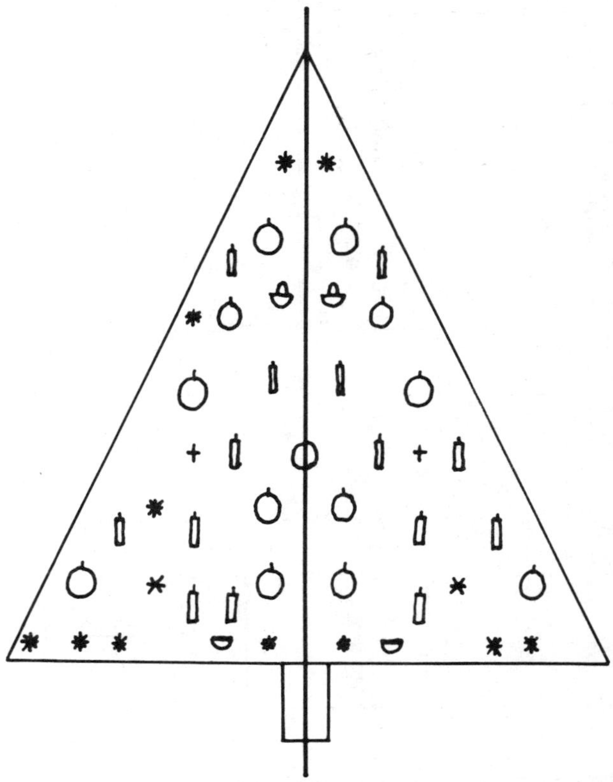

Lösung

Die Bilder sollen symmetrisch sein. Auf jedem Bild sind 5 Fehler versteckt. Umkreise sie!

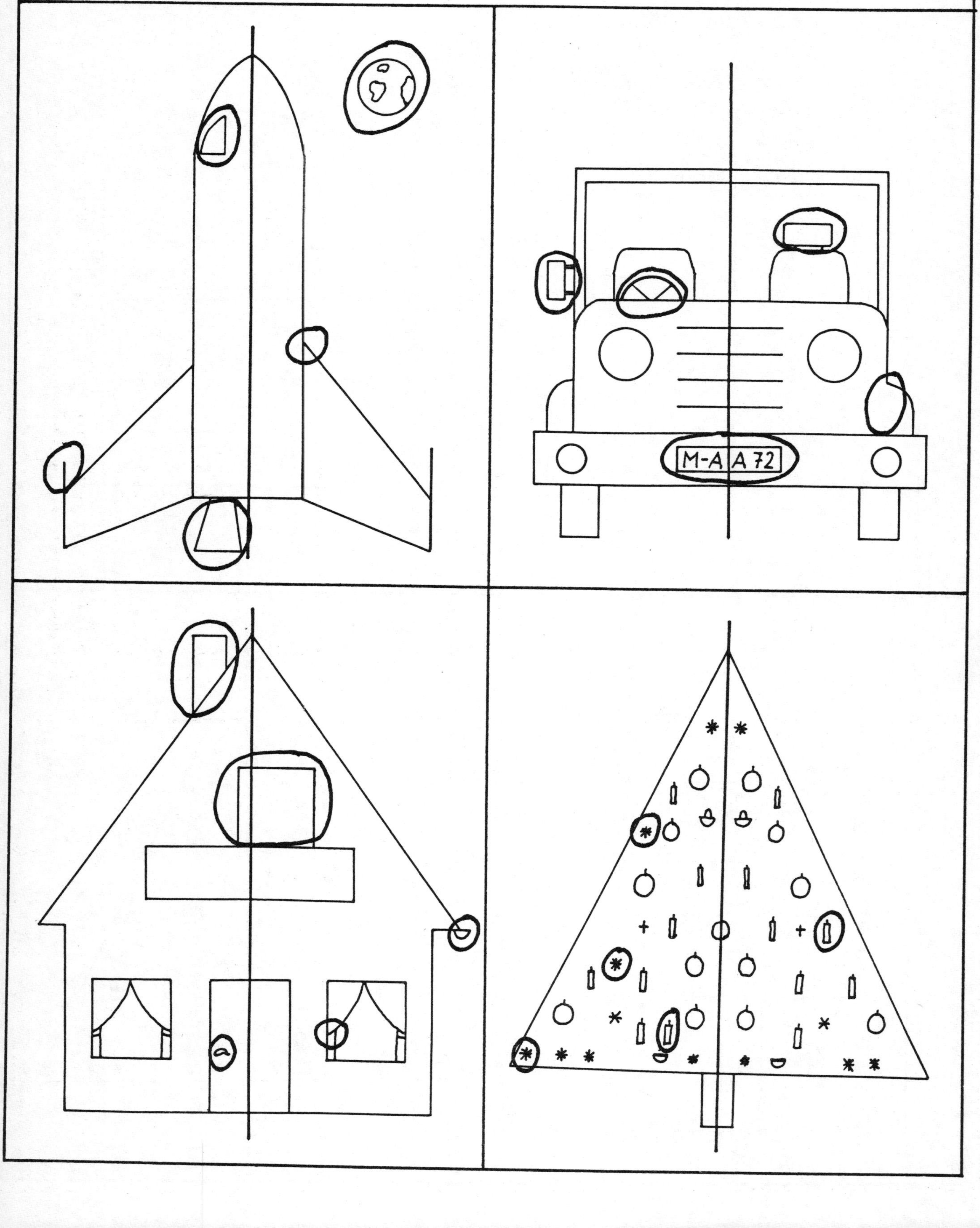

Speedy – Maus will zum Käse. Hilf!

1) ______________________

2) ______________________

3) ______________________

4) ______________________

5) ______________________

6) ______________________

7) ______________________

8) ______________________

9) ______________________

10) ______________________

Jmmer ______ dazu:

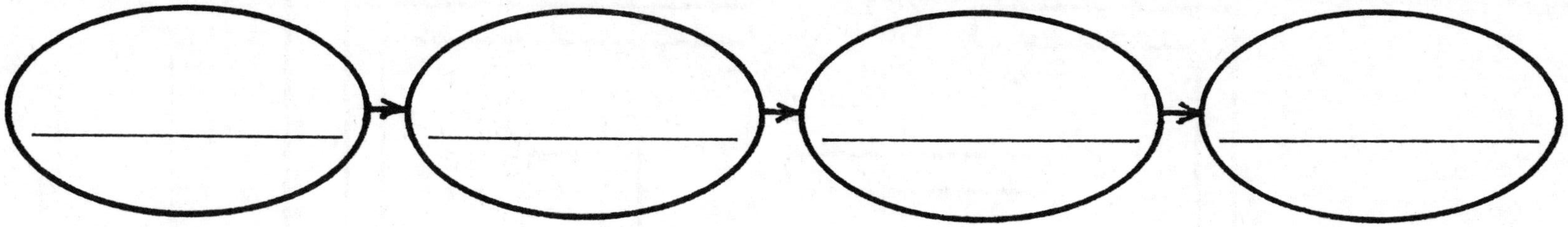

Jmmer ______ dazu:

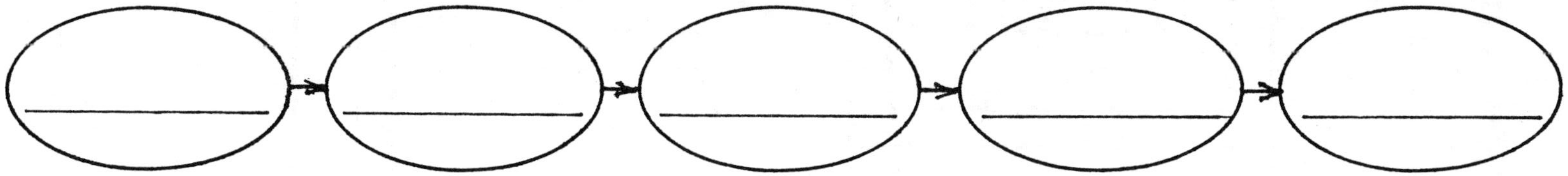

Jmmer das Doppelte:

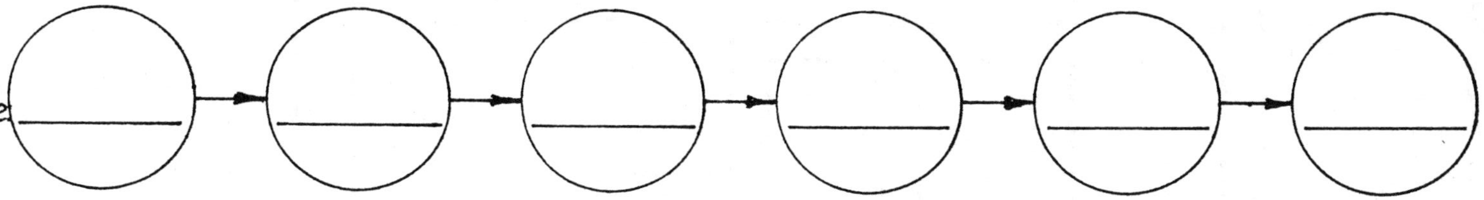

Jmmer ______ weg:

Jmmer ______ weg:

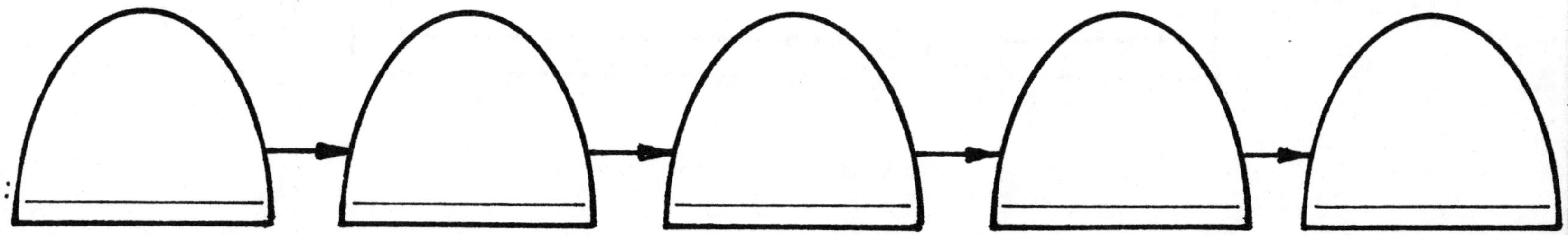

Wie heißen die Rechnungen?

Nimm aus jedem Kasten eine Zahl! Die Ergebnisse der Rechnungen stehen in den Schiffen!

Lösung

1) ______________________ 2) ______________________

3) ______________________ 4) ______________________

Lies die Zahlen!

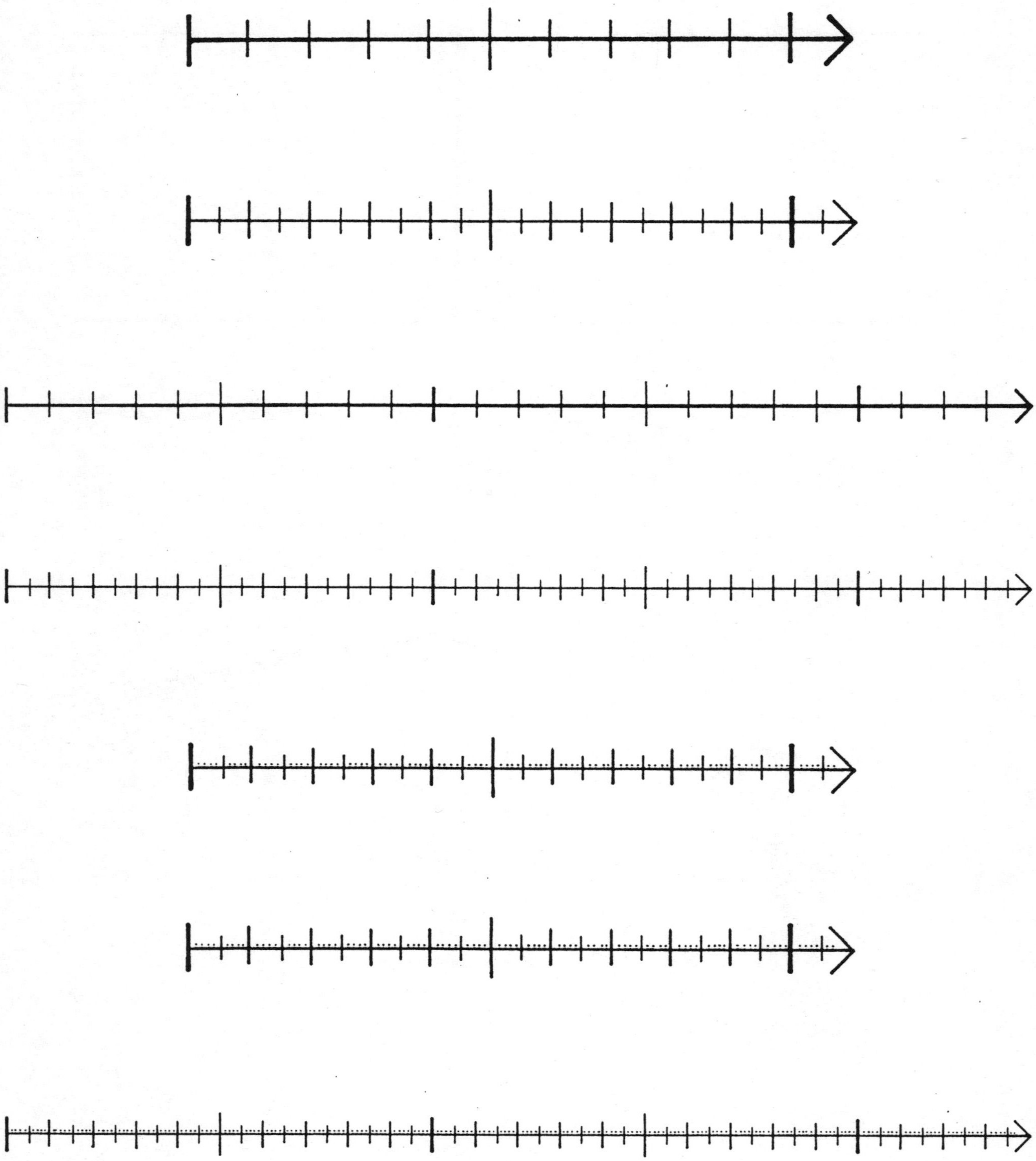

Eine Zahl eintragen: Grenzen/Nachbarzahlen finden
Schranken eintragen/Zahlen mit senkrechten Strichen kennzeichnen: Zahlen benennen

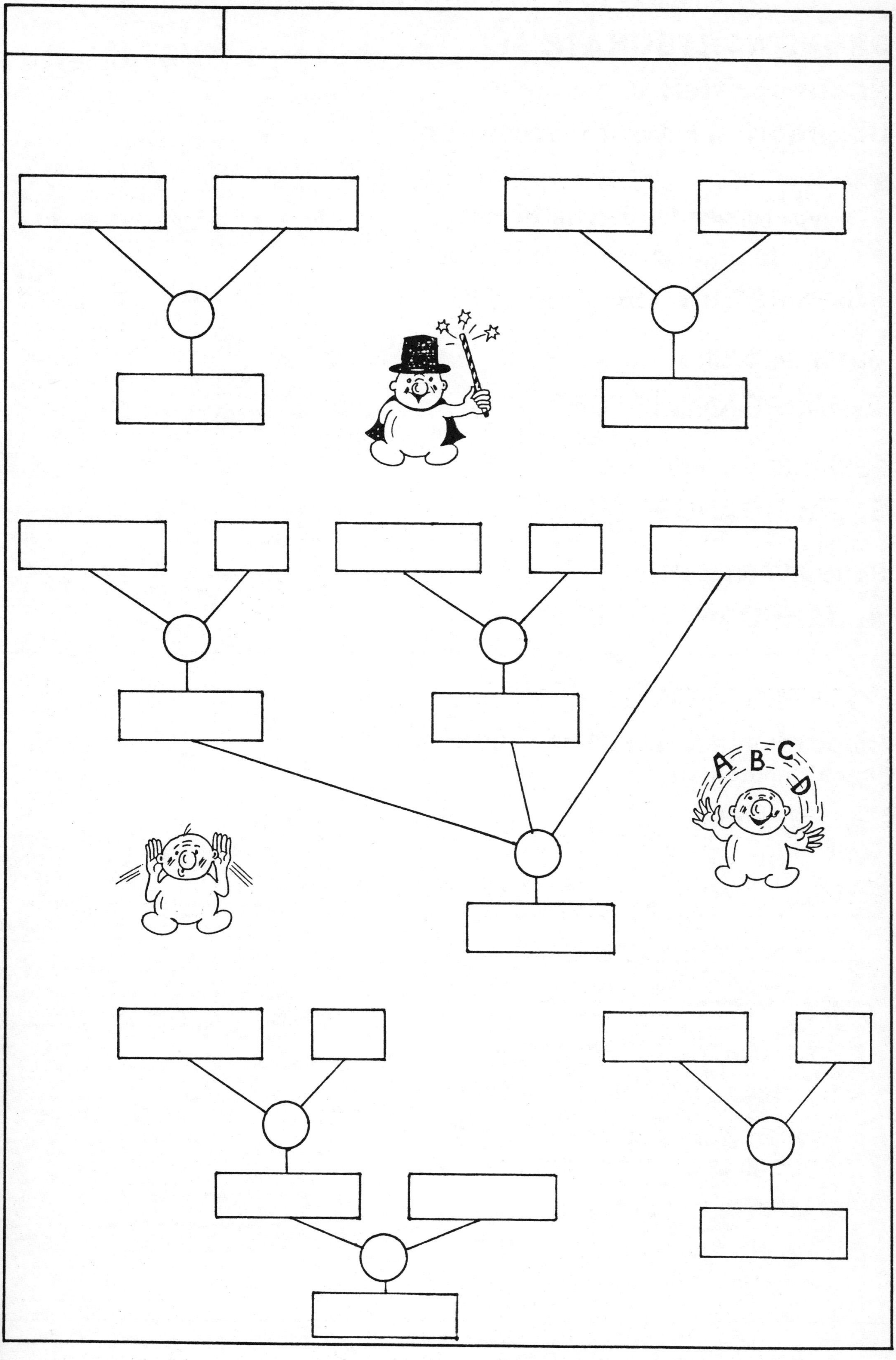
A B C D

GRUNDWORTSCHATZ in Nachschriften und Übungen als Kopiervorlagen

mit:

- Anregungen für den Unterricht
- ca. 30 Nachschriften mit Übungen
- Wörterlisten Wortkärtchen

JUTTA PRINZING

2. JAHRGANGSSTUFE

SUSANNE GRÜNECKER

3. JAHRGANGSSTUFE

HANS RUPPRECHT

4. JAHRGANGSSTUFE

aus: GWS 2

GISELA WENTER-NEUSS

RECHTSCHREIBEN und SPRACHLEHRE nach Sachtexten

3./4. Jahrgangsstufe

3. Jahrgangsstufe

1. Aufgaben eines Klassensprechers (Wortarten)
   Ordnung muß sein (Zusammengesetzte Namenwörter / persönliche Fürwörter / Grundformen)
   D i k t a t : In der Schule (51 Wörter)
2. Platzregen (Beugung / persönliche Fürwörter / passende Eigenschaftswörter)
   Immer gibt es Tränen (Beugung / Mitlautverdopplung / Zahlwörter / Gegenteil)
   D i k t a t : Immer zu spät (65 Wörter)
3. Waschtag früher (Ableitung / zusammengesetzte Namenwörter / aus "au" wird "äu")
   Tausend Jahre alt (Vorsilben bei Zeitwörtern / "ie" / Wortfamilien)
   D i k t a t : Ferien bei den Großeltern (72 Wörter)
4. 112 ! (Nachsilben -lich und -ig / Satzbildung)
   Rechts vor links (Vorsilben / Einzahl-Mehrzahl / Ableitung / Wortfeld "fahren")
   D i k t a t : Augen auf ! (68 Wörter)
5. Umweg durch den Park (Trennung "ck" / Satzbildung / Grundformen)
   Baden streng verboten ("ver-" / Wortfamilie "Wasser" / sp-str-st / Satzbildung)
   D i k t a t : Im Park (62 Wörter)
6. Beim Bäcker (Wortfamilie "backen" / Zahlwörter)
   Christine backt Kuchen (Trennung "st" / zusammengesetzte Namen- und Eigenschaftswörter)
   D i k t a t : In der Brotfabrik (61 Wörter)
7. Ganz in Gedanken (Zusammengestzte Namen- und Zeitwörter)
   Ein Tag ohne Strom (Ableitungen / Mitlautverdopplung / Grundformen)
   D i k t a t : Ganz selbstverständlich (73 Wörter)
8. Wer will gesund bleiben ? (Wortarten / Zeitstufen)
   Ausflug (Mehrzahl / alphabetische Ordnung / zusammenges. Namenwörter / Grundform)
   D i k t a t : Klassenfest im Garten (69 Wörter)

4. Jahrgangsstufe

1. Wer Pilze sammelt, muß sie kennen (Schwierige Mehrzahlbildung)
   Auf der Jagd (Zusammengesetzte Namenwörter / hin-auf / Beugung)
   Das Eichhörnchen (Zusammengesetzte Namenwörter / Vorsilben / Wortfamilie)
   D i k t a t : Mit dem Förster unterwegs (95 Wörter)
2. Salzhändler in München (Reimwörter / Zeitstufen)
   Das Leben auf der Burg (Steigerung / Vergleichswörter)
   Reisende berichten (Nachsilbe -ig / Beugung / Reimwörter)
   D i k t a t : Das Leben in der kleinen Stadt (94 Wörter)
3. Eine süße Nachspeise (Umstellung von Satzteilen / Sch-,St-,Sp-)
   Einkaufsbummel ("ck" / Paar-paar / Wortfeld "gehen" / 2.Vght / Gegenwart)
   D i k t a t : Wocheneinkauf (97 Wörter)
4. Überall Lärm (Maschinen / Mitlautverdopplung)
   Bedrohte Natur ("ver-" / Trennung "tz" / Grundform / Namen- und Zeitwörter)
   D i k t a t : Traum oder Wirklichkeit ? (98 Wörter)
5. Lieber Onkel Hans (etz-ütz-otz-ötz-itz-atz / "-keit" oder "-heit")
   Das Paket ist fertig ("ck" oder "k" / zusammenges. Namenwörter / Zeitstufen)
   D i k t a t : Tobias und der Postbote (99 Wörter)
6. Ein Gewitter zieht auf (Aus Zeitwörtern werden Namenwörter / Satzbildung)
   Der Strom ist weg ("V" / -lich oder -lig / Grundformen / Trennung)
   D i k t a t : Unwetter über der Großstadt (97 Wörter)
7. Augen auf im Straßenverkehr (Dehnungs-h)
   Radfahrprüfung (Silben / Zeitwörter aus Namenwörtern)
   D i k t a t : Im Schulbus (96 Wörter)
8. Urlaubspläne (Zusammengestzte Namenwörter / Namenwörter aus Zeitwörtern)
   Im Schwimmbad ("J" / Wortfeld "bauen" / Fälle / Mehrzahl / Satzbildung)
   D i k t a t : Reisevorbereitungen! (87 Wörter)

Inhaltsverzeichnis

BINGO | •/:3 | 4

Form: Klassenspiel, still

Mittel: BINGO Abl., ggf. Folie zum Erklären der Spielregel

Hinweis: Zuerst BINGO-Karte verdoppeln und als Arbeitsblatt kopieren. Jeder Schüler behält sein BINGO-Blatt das ganze Jahr. So kann 12mal ohne weitere Vorbereitung BINGO gespielt werden.

1. L nennt 16 Aufgaben, Sch tragen errechnete Ergebniszahlen durcheinander in das erste Spielfeld ein (siehe Folie).
2. L nennt die Ergebniszahlen durcheinander, Sch streichen mit dem Buntstift jede genannte Ergebniszahl aus.
3. Wer als erster 4 Kästchen waagrecht, senkrecht oder diagonal ausgestrichen hat, ruft BINGO.
4. Er ist Sieger und bekommt Platzziffer 1. Es kann aber noch bis Platz 5 weitergespielt werden.

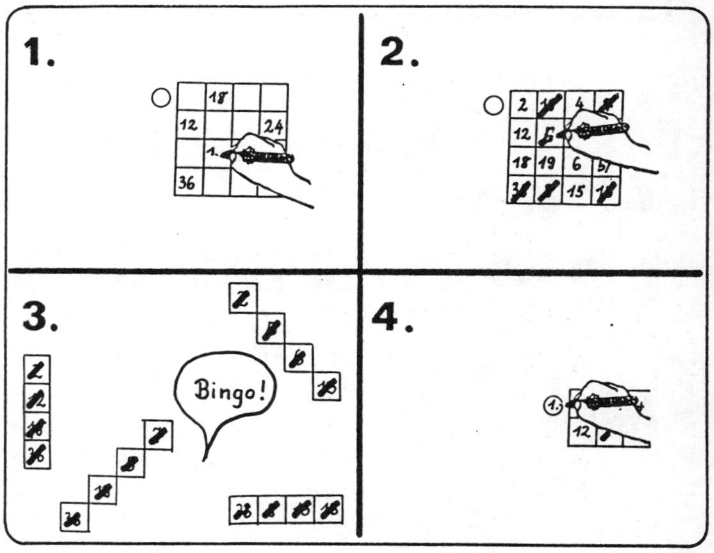

Inhaltsverzeichnis

26

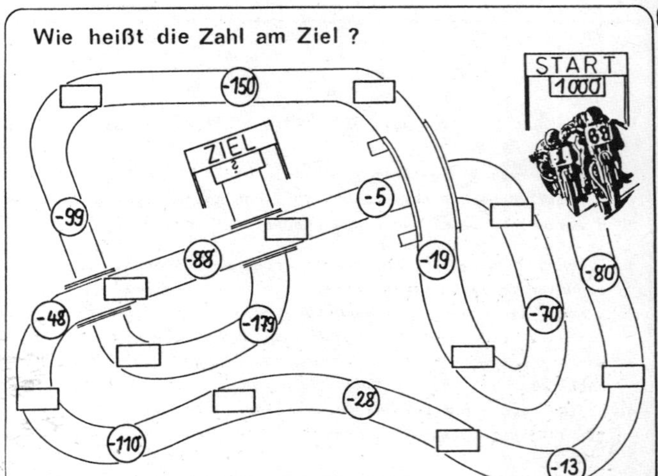

30